中学校理科サポートBOOKS

単元導入から生徒の心をがっちりつかむ
科学手品ショー開演!!

中学校理科
授業で使える

サイエンス

マジック

60

金城 靖信 著

1 透視術 (1)
2 透視術 (2)
3 水から一瞬で氷をつくる
4 増えるビー玉
5 カード当て
6 液晶テレビと偏光板
7 不思議な液晶テレビ
8 光で風船を割る
9 カラスの声とニワトリの声
10 空きビンの共鳴
11 アルミ棒の共振
12 消えるロウソク
13 ストローで串刺し
14 圧縮発火
15 スプーン切断
16 紙のスプーン曲げ
17 紙皿でお湯を沸かす
18 電池で燃えるスチール
19 揺れるシャボン玉
20 踊る一反木綿
21 何でもスピーカー
22 磁力のつり合いペン立て
23 磁石で浮いた不思議な蝶
24 磁石に立てられない釘
25 強くなる磁石
26 止まる磁石の振り子
27 ゆっくり落ちる磁石
28 落ちない水 (1)
29 落ちない水 (2)
30 落ちない水 (3)
31 落ちない水 (4)
32 浮かぶ1円玉

33 シャボン玉を持つ
34 白いシャボン玉が転がるシーツ
35 レモンで風船割り
36 色の変わるウーロン茶
37 一瞬でお湯を沸かす
38 教訓コップ
39 大型吸盤
40 どこでも吸盤
41 下敷き吸盤
42 重い新聞
43 つぶれるペットボトル
44 つぶれる一斗缶
45 マグデブルグ球
46 ボウリングボールの浮遊
47 浮沈子
48 逆浮沈子
49 砂の浮力
50 シャボン玉の浮かぶ水槽
51 カップの空中浮遊
52 ペットボトルの空中浮遊
53 重心の取り方
54 つり合いペン立て
55 共振振り子
56 自由自在に毛糸を切る
57 ペットボトル下のティッシュ取り
58 離れない教科書
59 破れないビニール
60 素手で蛍光灯をつける

明治図書

はじめに

　マジックと科学はどちらも楽しいものですが，タネにあたる仕掛けがわかったとき，マジックだと**「騙された！」**と悔しくなってしまうものです。

　しかし，科学は仕掛けがわかってからこそが面白いのです。科学はまるでマジックのように見える現象の裏にある仕掛けを教えてくれて，**「そうだったのか！」**という驚きを体験させてくれます。

　理科の単元に出てくる現象は，身の回りにあふれています。その現象を取り上げながら進めていく理科の授業は，楽しいものでなければいけません。

　最初から公式を与えて問題（計算）を解かせるのではなく，児童・生徒たちを驚かせ，感動させ，興味をもたせてから学習へと導く方が効果的だと考えます。子供自らが**「なぜ（不思議）」**に気づいて，そこから追究し，答えを出す。そのような子供たちを育てることがとても大切なのです。

　私の好きな言葉に，**「出逢いと感動（相田みつを）」**（トイレ用日めくり『ひとりしずか』「そのときの出逢いが」解説文より）があります。

　「人は出逢いによって変わり，感動によって動く」という意味で，「生徒は感動すれば動く。そうすれば，授業にも積極的に参加するようになる」と私は考えています。授業の中に常に**「感動」**を盛り込み，小学校の頃の興味・関心を引き起こし，大好きな教科にするためにサイエンスマジックを取り入れることで，授業への集中力と探求心を育ててほしいと思います。不思議な現象を見せることで，生徒たちの心をがっちりつかみましょう。

　誰でも人を**「わぁ」**と驚かせること，また驚くものが好きなものです。それは子供も同じで，知的好奇心を呼び起こすことができるからです。マジックと科学，どちらも人にとってワクワクするものだと思います。

　本書を通して，サイエンスマジックの面白さを科学する楽しさに触れ，コミュニケーションツールとしての役割だけでなく，わかる授業の一助として使用することによって子供の興味・関心を喚起し，実感を伴った理解を図りながら，科学的な見方や考え方の育成につながればと思っています。

　　　　　　　　　　　　　　　　　　　　　　　　　　　　　　　金城　靖信

本書の使い方

各ページには，下記のことが書かれています。

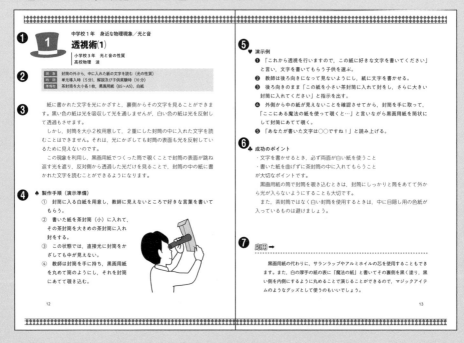

❶ 中学校1年　身近な物理現象／光と音

1 透視術⑴

小学校3年　光と音の性質
高校物理　波

❷
現象 封筒の外から，中に入れた紙の文字を読む（光の性質）
時間 単元導入時（5分），解説及び子供実験時（10分）
準備物 茶封筒を大小各1枚，黒画用紙（B5〜A5），白紙

❸ 　紙に書かれた文字を光にかざすと，裏側からその文字を見ることができます。黒い色の紙は光を吸収して光を通しませんが，白い色の紙は光を反射して透過もさせます。
　しかし，封筒を大小2枚用意して，2重にした封筒の中に入れた文字を読むことはできません。それは，光にかざしても封筒の表面も光を反射しているために見えないのです。
　この現象を利用し，黒画用紙でつくった筒で覗くことで封筒の表面が跳ね返す光を遮り，反対側から透過した光だけを見ることで，封筒の中の紙に書かれた文字を読むことができるようになります。

❹ **製作手順（演示準備）**
① 封筒に入る白紙を用意し，教師に見えないところで好きな言葉を書いてもらう。
② 書いた紙を茶封筒（小）に入れて，その茶封筒を大きめの茶封筒に入れ封をする。
③ この状態では，直接光に封筒をかざしても中が見えない。
④ 教師は封筒を手に持ち，黒画用紙を丸めて筒のようにし，それを封筒にあてて覗き込む。

12

❺ **演示例**
① 「これから透視を行いますので，この紙に好きな文字を書いてください」と言い，文字を書いてもらう子供を選ぶ。
② 教師は後ろ向きになって見ないようにし，紙に文字を書かせる。
③ 後ろ向きのまま「この紙を小さい茶封筒に入れて封をし，さらに大きい封筒に入れてください」と指示を出す。
④ 外側から中の紙が見えないことを確認させてから，封筒を手に取って，「ここにある魔法の紙を使って覗くと…」と言いながら黒画用紙を筒状にして封筒にあてて覗く。
⑤ 「あなたが書いた文字は○○ですね！」と読み上げる。

❻ **成功のポイント**
・文字を書かせるとき，必ず両面が白い紙を使うこと
・書いた紙を曲げずに茶封筒の中に入れてもらうこと
が大切なポイントです。
　黒画用紙の筒で封筒を覗き込むときは，封筒にしっかりと筒をあてて外から光が入らないようにすることも大切です。
　また，茶封筒ではなく白い封筒を使用するときは，中に目隠し用の色紙が入っているものは避けましょう。

❼ **応用 →**
　黒画用紙の代わりに，サランラップやアルミホイルの芯を使用することもできます。また，白の厚手の紙の表に「魔法の紙」と書いてその裏面を黒く塗り，黒い側を内側にするように丸めることで演じることができるので，マジックアイテムのようなグッズとして使うのもいいでしょう。

13

❶タイトル

　演示する実験（サイエンスマジック）の題名と実験の種類が書いてあります。本書は中学校理科を対象としていますが，小学校・高等学校でも使えるように関連する単元を示しています。

❷現象・時間・準備物

　サイエンスマジックの内容，演示時間と解説や生徒実験時の所要時間，その演示や実験を行うために必要な道具や材料が書かれています。

❸実験の原理解説

身近で見られる似たような現象や，実験の解説などが書かれています。

❹製作手順（演示準備）

サイエンスマジックの道具の製作手順や，演示するための事前準備や見せ方，注意事項などが詳しく書かれています。

❺演示例

子供の前で演示するときの手順の例が，セリフなども交えて書かれています。

❻成功のポイント

演示実験を成功させるポイントや，失敗しないためのコツが詳しく書かれています。

❼応用

同じ原理を利用した現象や実験，別の演示方法やバージョンアップの仕方などが，詳しく書かれています。

本書で紹介したどのサイエンスマジックも，簡単に準備してできるものを用意しましたが，事前にしっかりと練習をしないとうまくいかないと思います。しっかり練習を積んだうえで演示してみせましょう。また，演示例を参考に，皆さん独自のキャラクターを生かした演示方法を考えていただくと，より子供の心に残る実験になると思います。

本書が，より多くの方々のお役に立つことを願っております。

Contents

はじめに

本書の使い方

中学校 1 年　身近な物理現象／光と音

1　透視術(1)　　12
(小学校 3 年　光と音の性質, 高校物理　波)

2　透視術(2)　　14
(小学校 3 年　光と音の性質, 高校物理　波)

3　水から一瞬で氷をつくる　　16
(小学校 3 年　光と音の性質, 高校物理　波)

4　増えるビー玉　　18
(小学校 3 年　光と音の性質, 高校物理　波)

5　カード当て　　20
(小学校 3 年　光と音の性質, 高校物理　波)

6　液晶テレビと偏光板　　22
(小学校 3 年　光と音の性質, 高校物理　波)

7　不思議な液晶テレビ　　24
(小学校 3 年　光と音の性質, 高校物理　波)

8　光で風船を割る　　26
(小学校 3 年　光と音の性質, 高校物理　波)

9　カラスの声とニワトリの声　　28
(小学校 3 年　光と音の性質, 高校物理基礎　様々な物理現象とエネルギーの利用／波)

10　空きビンの共鳴　　30
(小学校 3 年　光と音の性質, 高校物理基礎　様々な物理現象とエネルギーの利用／波)

11　アルミ棒の共振　　32
(小学校 3 年　光と音の性質, 高校物理基礎　様々な物理現象とエネルギーの利用／波)

中学校1年　身の回りの物質／物質のすがた

12　消えるロウソク　34
（小学校4年　空気と水の性質，高校化学基礎　物質の変化とその利用）

13　ストローで串刺し　36
（小学校4年　空気と水の性質，高校物理基礎　物体の運動とエネルギー）

14　圧縮発火　38
（小学校4年　空気と水の性質，高校物理基礎　物体の運動とエネルギー）

15　スプーン切断　40
（小学校4年　金属，水，空気と温度，高校化学基礎　物質の構成）

中学校1年　身の回りの物質／状態変化

16　紙のスプーン曲げ　42
（小学校4年　金属，水，空気と温度，高校化学基礎　化学と人間生活）

17　紙皿でお湯を沸かす　44
（小学校4年　金属，水，空気と温度，高校化学基礎　化学と人間生活）

中学校2年　電流とその利用／電流

18　電池で燃えるスチール　46
（小学校6年　電気の利用，高校物理基礎　様々な物理現象とエネルギーの利用／電気）

19　操れるシャボン玉　48
（小学校6年　電気の利用，高校物理基礎　様々な物理現象とエネルギーの利用／電気）

20　踊る一反木綿　50
（小学校6年　電気の利用，高校物理基礎　様々な物理現象とエネルギーの利用／電気）

中学校2年　電流とその利用／電流と磁界

21　何でもスピーカー　　52
（小学校3年　磁石の性質，高校物理　電気と磁気）

22　磁力のつり合いペン立て　　54
（小学校3年　磁石の性質，高校物理　電気と磁気）

23　磁石で浮いた不思議な蝶　　56
（小学校3年　磁石の性質，高校物理　電気と磁気）

24　磁石に立てられない釘　　58
（小学校3年　磁石の性質，高校物理　電気と磁気）

25　強くなる磁石　　60
（小学校3年　磁石の性質，高校物理　電気と磁気）

26　止まる磁石の振り子　　62
（小学校3年　磁石の性質，高校物理　電気と磁気）

27　ゆっくり落ちる磁石　　64
（小学校3年　磁石の性質，高校物理　電気と磁気）

中学校2年　化学変化と原子・分子／物質の成り立ち

28　落ちない水(1)　　66
（小学校4年　空気と水の性質，高校化学基礎　物質の構成）

29　落ちない水(2)　　68
（小学校4年　空気と水の性質，高校化学基礎　物質の構成）

30　落ちない水(3)　　70
（小学校4年　空気と水の性質，高校化学基礎　物質の構成）

31　落ちない水(4)　　72
（小学校4年　空気と水の性質，高校化学基礎　物質の構成）

32　浮かぶ1円玉　　74
（小学校4年　空気と水の性質，高校化学基礎　物質の構成）

33　シャボン玉を持つ　　76
（小学校4年　空気と水の性質，高校化学基礎　物質の構成）

34　白いシャボン玉が転がるシーツ　　78
（小学校4年　空気と水の性質，高校化学基礎　物質の構成）

中学校2年　化学変化と原子・分子／化学変化

35　レモンで風船割り　　80
（小学校6年　水溶液の性質，高校化学基礎　物質の変化とその利用）

36　色の変わるウーロン茶　　82
（小学校6年　水溶液の性質，高校化学基礎　物質の変化とその利用）

37　一瞬でお湯を沸かす　　84
（小学校6年　水溶液の性質，高校化学基礎　物質の変化とその利用）

中学校2年　気象とその変化／気象観測

38　教訓コップ　　86
（小学校4年　天気の様子，高校物理基礎　物体の運動とエネルギー）

39　大型吸盤　　88
（小学校4年　天気の様子，高校物理基礎　物体の運動とエネルギー）

40　どこでも吸盤　　90
（小学校4年　天気の様子，高校物理基礎　物体の運動とエネルギー）

41　下敷き吸盤　　92
（小学校4年　天気の様子，高校物理基礎　物体の運動とエネルギー）

42 重い新聞 94
（小学校4年　天気の様子，高校物理基礎　物体の運動とエネルギー）

43 つぶれるペットボトル 96
（小学校4年　天気の様子，高校物理基礎　物体の運動とエネルギー）

44 つぶれる一斗缶 98
（小学校4年　天気の様子，高校物理基礎　物体の運動とエネルギー）

45 マグデブルグ球 100
（小学校4年　天気の様子，高校物理基礎　物体の運動とエネルギー）

46 ボウリングボールの浮遊 102
（小学校4年　天気の様子，高校物理基礎　物体の運動とエネルギー）

中学校3年　運動とエネルギー／力のつり合いと合成・分解

47 浮沈子 104
（小学校4年　空気と水の性質，高校物理基礎　物体の運動とエネルギー）

48 逆浮沈子 106
（小学校4年　空気と水の性質，高校物理基礎　物体の運動とエネルギー）

49 砂の浮力 108
（小学校4年　空気と水の性質，高校物理基礎　物体の運動とエネルギー）

50 シャボン玉の浮かぶ水槽 110
（小学校3年　風とゴムの力の働き，高校物理基礎　物体の運動とエネルギー）

51 カップの空中浮遊 112
（小学校3年　風とゴムの力の働き，高校物理基礎　物体の運動とエネルギー）

52 ペットボトルの空中浮遊 114
（小学校3年　風とゴムの力の働き，高校物理基礎　物体の運動とエネルギー）

53 重心の取り方 116
（小学校6年　てこの規則性，高校物理基礎　物体の運動とエネルギー）

54 つり合いペン立て　　　　　　　　　　　　　　　　　　118
（小学校 6 年　てこの規則性，高校物理基礎　物体の運動とエネルギー）

中学校 3 年　運動とエネルギー／運動の規則性

55 共振振り子　　　　　　　　　　　　　　　　　　　　120
（小学校 5 年　振り子の運動，高校物理基礎　物体の運動とエネルギー）

56 自由自在に毛糸を切る　　　　　　　　　　　　　　　122
（小学校 5 年　振り子の運動，高校物理基礎　物体の運動とエネルギー）

57 ペットボトル下のティッシュ取り　　　　　　　　　124
（小学校 5 年　振り子の運動，高校物理基礎　物体の運動とエネルギー）

中学校 3 年　運動とエネルギー／力学的エネルギー

58 離れない教科書　　　　　　　　　　　　　　　　　126
（小学校　全般，高校物理基礎　物体の運動とエネルギー）

59 破れないビニール　　　　　　　　　　　　　　　　128
（小学校　全般，高校物理基礎　物体の運動とエネルギー）

中学校 3 年　化学変化とイオン／化学変化と電池

60 素手で蛍光灯をつける　　　　　　　　　　　　　130
（小学校　全般，高校化学基礎　物質の構成）

1

中学校1年　身近な物理現象／光と音

透視術(1)

小学校3年　光と音の性質
高校物理　波

現　象	封筒の外から，中に入れた紙の文字を読む（光の性質）
時　間	単元導入時（5分），解説及び子供実験時（10分）
準備物	茶封筒を大小各1枚，黒画用紙（B5～A5），白紙

　紙に書かれた文字を光にかざすと，裏側からその文字を見ることができます。黒い色の紙は光を吸収して光を通しませんが，白い色の紙は光を反射して透過もさせます。

　しかし，封筒を大小2枚用意して，2重にした封筒の中に入れた文字を読むことはできません。それは，光にかざしても封筒の表面も光を反射しているために見えないのです。

　この現象を利用し，黒画用紙でつくった筒で覗くことで封筒の表面が跳ね返す光を遮り，反対側から透過した光だけを見ることで，封筒の中の紙に書かれた文字を読むことができるようになります。

♠ 製作手順（演示準備）

① 封筒に入る白紙を用意し，教師に見えないところで好きな言葉を書いてもらう。

② 書いた紙を茶封筒（小）に入れて，その茶封筒を大きめの茶封筒に入れ封をする。

③ この状態では，直接光に封筒をかざしても中が見えない。

④ 教師は封筒を手に持ち，黒画用紙を丸めて筒のようにし，それを封筒にあてて覗き込む。

♥ 演示例

❶ 「これから透視を行いますので，この紙に好きな文字を書いてください」
   と言い，文字を書いてもらう子供を選ぶ。

❷ 教師は後ろ向きになって見ないようにし，紙に文字を書かせる。

❸ 後ろ向きのまま「この紙を小さい茶封筒に入れて封をし，さらに大きい
   封筒に入れてください」と指示を出す。

❹ 外側から中の紙が見えないことを確認させてから，封筒を手に取って，
   「ここにある魔法の紙を使って覗くと…」と言いながら黒画用紙を筒状に
   して封筒にあてて覗く。

❺ 「あなたが書いた文字は○○ですね！」と読み上げる。

♣ 成功のポイント

・文字を書かせるとき，必ず両面が白い紙を使うこと
・書いた紙を曲げずに茶封筒の中に入れてもらうこと
が大切なポイントです。

　黒画用紙の筒で封筒を覗き込むときは，封筒にしっかりと筒をあてて外か
ら光が入らないようにすることも大切です。

　また，茶封筒ではなく白い封筒を使用するときは，中に目隠し用の色紙が
入っているものは避けましょう。

応用 ➡

　黒画用紙の代わりに，サランラップやアルミホイルの芯を使用することもでき
ます。また，白の厚手の紙の表に「魔法の紙」と書いてその裏側を黒く塗り，黒
い側を内側にするように丸めることで演じることができるので，マジックアイテ
ムのようなグッズとして使うのもいいでしょう。

2 透視術(2)

小学校3年　光と音の性質
高校物理　波

現　象	黒い筒を頭から被り，黒板の文字を読む（光の性質）
時　間	単元導入時（5分），解説及び子供実験時（10分）
準備物	黒画用紙2枚，セロハンテープまたは糊，細い針

　　初期のカメラで，レンズを使わず小さな穴を利用したピンホールカメラというカメラがあります。これはピンホール効果を利用したカメラで，ピントを合わせる必要のないカメラです。

　　小さな穴を覗くと，目の悪い人でも遠くの物や近くの物をはっきり見ることのできるのが，ピンホール効果です。その効果は絶大で，目が悪い人のメガネの代わりにもなります。また，本の文字を見るときに，目を本から5cmくらいのところまで近づけると文字を見ることはできませんが，ピンホール効果を使うと，虫眼鏡や顕微鏡のように近くの物を見ることができます。そのピンホール効果を使って透視をしてみましょう。

♠ 製作手順（演示準備）

① 　黒画用紙を2枚貼り合わせて，頭がすっぽり入るほどの筒をつくる。

　　黒画用紙でなくても見ることはできますが，光を遮ると見やすく，頭から被ったときに穴を探しやすいです。

② 　その筒を頭から被り，貼り合わせ部分を目印に自分がわかりやすい場所に，目の高さに合わせて針で覗き穴を開ける。

　　とても小さい穴なので，外側からは穴を探すことはできません。

③ 　目が悪い人でも，筒を被ってその穴から覗けば，4〜5m離れた黒板に書いた文字くらいは見ることができる。

　　目が悪くて，メガネを取ると黒板の字が見えない人でも大丈夫です。ピンホール効果ではっきり見ることができます。逆に目の悪い教師がメガネを取ってから行うと，不思議さが増します。

♥ 演示例

❶ 「これから透視を行いますので，黒板に好きな文字を書いてください」
と言って，文字を書いてもらう子供を選ぶ。

❷ 「目隠しに使うのはこの黒い筒です」と言って，席に座っている子供に
筒の外側や中に手を入れて内側を見せたりする。
仕掛けがないことをアピールします。

❸ 教師は筒を被り後ろ向きになって見ないようにし，子供には黒板に文字
を書かせる。このときに穴を探しておく。

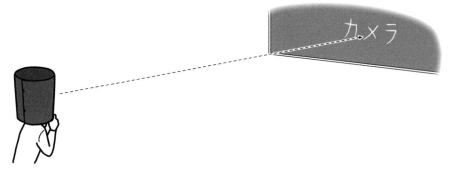

❹ 書いたことを確認したら振り向き，「あなたが書いた文字は○○です
ね！」と読み上げる。

♣ 成功のポイント

文字を書かせるとき，なるべく大きな文字を書いてもらうのがポイントで
す。

応用 ➡
- -
子供に画鋲などで穴を開けた紙を配って，ピンホール効果を体験してもらうと
よいでしょう。

3 水から一瞬で氷をつくる

小学校3年　光と音の性質
高校物理　波

現　象	洗面器の中の水をすくうと，氷になる（光の屈折）
時　間	単元導入時（5分），解説及び子供実験時（20分）
準備物	洗面器（透明な入れ物がよい），角形透明ジュエルポリマー

　水をうまく凍らせて透明な氷をつくっても同様のマジックができるような気がしますが，水（液体）が氷（固体）になると屈折率が変わるため，水の中でもはっきり氷とわかってしまいます。水と同じ屈折率の物質はなかなか探せません。

　角形透明ジュエルポリマーは，コップやビンの中で植物を栽培できるようにするための高吸水性樹脂で，園芸店で購入できます。水と屈折率がほぼ一緒であるため，水の中では消えたように見えます。しかし空気中に出すと，空気との屈折率が違うためはっきり見え，まるで透明な氷のように見えます。ですから，水をすくった手の中から突然氷ができたように見えるのです。

♠ 製作手順（演示準備）

① 角形透明ジュエルポリマーを水に入れ，一晩おくと20～50倍ほど膨れて氷のようになる。

② その角形透明ジュエルポリマーを，水の入った洗面器に入れて用意する。

③ ジュエルポリマーはまったく見えなくなり，水だけのように見える。

♥ 演示例

❶ 「水（実はジュエルポリマー入り）の入った洗面器があります」と言い，子供に見せて水しか入っていないことを確かめさせる。

❷ 子供の前で「これからハンドパワーで，水を氷に変えてみせたいと思います」と言って，水の中に手を入れる。

❸ 念を込めているような演技をする。

❹ 水を両手で包むようにしてジュエルポリマーをすくい，洗面器の上に出す。

❺ 包んでいた手を開くと，手いっぱいの氷が出現する。

♣ 成功のポイント

　　ジュエルポリマーを入れすぎると，少しの揺れで水面上に出てきて見えてしまうので，洗面器に入れた水の半分程度の量にした方がよいでしょう。また水中のジュエルポリマーは，横からの光にかざすと輪郭が見えやすいので，透明な容器で演じるときは気をつけましょう。

　　洗面器が透明でない場合は少し柄の入ったものを使用するとよいでしょう。洗面器が透明な場合，水しか入っていないことを子供に確認させるときは，洗面器の下にタオルを敷いて洗面器の上から確認させると，ジュエルポリマーはほとんど見えません。

応用 ➡
- -

　　1個の氷を入れてみせてから，その氷をすくうようにして氷を増やしてみせると，周りの水が凍りついて氷になったように見えるので，面白い演出になると思います。

　　また，球形のジュエルポリマーを使うと，水の中からビー玉を出現させることができます。

4

中学校1年　身近な物理現象／光と音

増えるビー玉

小学校3年　光と音の性質
高校物理　波

現　象	水の中に入れたビー玉が，ザルに出すと増える（光の屈折）
時　間	単元導入時（5分），解説及び子供実験時（20分）
準備物	透明ビー玉，キッチンザル，ビーカー，丸型水槽（洗面器），球形透明ジュエルポリマー一粒またはポリマー式の消臭剤

　透明ビー玉はガラスでできていて水と屈折率が違うので，水の中に入れてもはっきり見ることができますが，球形透明ジュエルポリマーは水と屈折率がほぼ一緒であるため，水の中では消えてしまったように見えます。それをキッチンザルに出すと，空気との屈折率が違うためはっきり見え，ビー玉もジュエルポリマーも見分けがつきません。そのためビー玉が突然増えたように見えます。

　球形透明ジュエルポリマーは，コップやビンの中で植物を栽培できるようにするための高吸水性樹脂で，園芸店で購入できます。また，ポリマー式の消臭剤に入っているものでも使えます。

♠ **製作手順（演示準備）**

①　球形透明ジュエルポリマーを水に入れ，一晩おくと膨れてビー玉のようになる。

　ポリマー式の消臭剤の場合は，流水に臭いが消えるまで長時間入れておくと2～3倍の大きさになります。

②　そのジュエルポリマーと同じ大きさの透明ビー玉を用意する。

③　1Lくらいのビーカーにジュエルポリマーを20～30個入れ，水を入れるとジュエルポリマーがまったく見えなくなり，水だけのように見える。

④　その中に透明ビー玉を入れると，屈折率の違いでビー玉だけがはっきりと見える。

♥ 演示例

❶ 「水（実はジュエルポリマー入り）の入ったビーカーがあります」と言い，子供に見せて水しか入っていないことを確かめさせる。

❷ 子供の前でビー玉を１個取り上げてみせて「これからビーカーにビー玉を入れるので，何個入れたか数えてください」と言って，１個ずつビー玉をビーカーに入れていく。

　３〜４個程度を入れます。

❸ お手伝いの子供を指名して前に出てもらう。その子供にビーカーの中のビー玉の数を確認させ，キッチンザルを丸型水槽の上で持ってもらう。

❹ 子供が持っているキッチンザルにビーカーの水をこぼすと，３〜４個のビー玉が数十個に増えて見えるので「何個でしたか？」と問う。子供は「たくさん」と答えるしかなくなる。

♣ 成功のポイント

　ジュエルポリマーを入れすぎると，少しの揺れで水面上に出てきて見えてしまうので，ビーカーに入れた水の半分程度の量にした方がよいでしょう。またジュエルポリマーは，横からの光にかざすと輪郭が見えやすいので気をつけましょう。

　ビーカーの上から確認させると，ジュエルポリマーはほとんど見えないので，ビー玉の数を確認させるときは上から覗かせて確認させるといいです。

応用 ➡

- -

　逆に水だけが入っているビーカーに，ジュエルポリマーを入れることで「消えるビー玉」を演出することができます。また，空のビンを用意し，その底にジュエルポリマーを敷きつめ，中に飾っておきたいフィギュアなどを入れて水を入れると，水の真ん中に浮かぶフィギュアの置物が出てきますよ。

5 カード当て

小学校3年　光と音の性質
高校物理　波

現　象	子供が選んだカードを，見ていない他の子供が当てる（偏光）
時　間	単元導入時（5分），解説及び子供実験時（20分）
準備物	偏光板，正方形のカード，偏光板を取りつけたお面またはメガネ

　偏光サングラスは，湖面や海面に反射した光をカットするために使用します。そのサングラスに使用している偏光板は，光レベルの細かい縦線が入っているような構造をしています。

　偏光板を2枚重ねて片方を90°回転させると，光が通らなくなる原理を利用して，湖面や海面に反射した光（偏光）をカットしています。また，3D映画用のメガネも偏光板を利用していて，縦の光の映像と横の光の映像を左右別々の目に送ることで，映像を立体に見せています。

♠ 製作手順（演示準備）

① 　正方形のカードに「○」「□」「＋」「◇」などの，90°回転させても形の変わらない図を印刷する。

② 　そのカードの表面に偏光板を貼る。そのとき，偏光板で覗いたときにカードが黒になるように並べ，カード裏面にその方向がわかるように目印をつける。

③ 　お面の目の部分またはサングラスにも偏光板を貼る。このとき，並べたカード全部が黒く見えるように貼る。

④ 　偏光板をつけたメガネで見るとすべて黒くなるようにカードを並べ，選んだカードを90°回転させればそのカードだけ，中の図形が見えるようになる。

♥ 演示例

❶ 「これからカード当てをします」と言ってカードを並べる。

❷ 一人代表を選んで「○○さんに，みんなが選んだカードを見ずに当てて
もらいます」と言い，代表者に目をつぶってもらい，みんなにカードを選
んでもらう。

❸ カードが決まったところでそのカードを手に持ち，おまじないをかける
フリをして 90°回転させてカードを戻す。

❹ 代表者をカードに向かわせ「みんなが選んだカードがわかりますか？」
と聞く。

❺ 「わかりません」と答えるので，「魔法のメガネを
お貸しします」と言って，偏光板つきメガネをかけ
させる。すると見事カードを当ててくれる。

♣ 成功のポイント

選ばれたカードを，子供たちに気づかれないように90°回転させるのがポ
イントです。うまくおまじないをかけるフリをして角度を変えます。また，
お面やサングラスに偏光板を貼るとき，方向を間違えないように注意します。

応用 ➡

- -

この光の偏向を利用して「ブラック
ウォール」を製作してみましょう。ブ
ラックウォールとは，右のように，壁
がないのに黒い壁があるように見える
ものです。

【つくり方】箱を用意して窓をつくり，その窓の真ん中より左側の窓には同じ方
向にそろえた偏光板を貼り，右側には90°方向を変えた偏光板を貼るとできます。
窓を覗くと真ん中に黒い壁があるように見えます。

中学校１年　身近な物理現象／光と音

液晶テレビと偏光板

小学校３年　光と音の性質
高校物理　波

現　象	透明なシートをテレビの前に持ってくると色がつく（偏光）
時　間	単元導入時（5分），解説及び子供実験時（20分）
準備物	偏光板，液晶テレビ，セロハンテープ（透明なテープ），透明シート

　偏光板は，光レベルの細かい縦線が入っている構造です。２枚の偏光板の片方を90°回転させると，光が通らず黒くなり向こう側が見えなくなりますが，その偏光板の間に透明なプラスチックやシートを挟むと，その中で光が少し偏光されます。その少しの光のズレが，色をつけて目に入ってきます。

　液晶は本来透明な液体のようなものですが，電気をかけることで変形し，光を少し偏光させる性質をもつため，偏光板の間に挟むと色がついて見えます。液晶画面はその性質を利用しているので，液晶テレビの表面側にも偏光板が貼られています。それを利用して不思議な実験をしてみましょう。

♠ 製作手順（演示準備）

① 　透明シートにセロハンテープをランダムに何枚も重ねて貼りつける。

② 　セロハンテープを貼ったシートを，液晶テレビの前に持ってくる。なるべく白い画面がよい。

　パワーポイントを使えば簡単に白い画面がつくれますが，白い紙を撮影して画面に出してもいいでしょう。

③ 　液晶テレビの前にセロハンテープを貼ったシートを持ってきて，手に持った偏光板を覗くか，偏光サングラスや3Dメガネで覗くと，セロハンテープを貼ったシートに色がついて見える。

♥ 演示例

❶ 「こちらに，ただ透明なシートにセロハンテープをたくさん貼ったものがあります」と言ってシートを見せる。

❷ 液晶テレビの前に持ってきて「皆さん，何か変化が見られますか？」と問いかける。

❸ シートを画面の前から外した後，偏光板を配り，液晶テレビの画面を見てもらう。

❹ 「偏光板を回転させると，テレビが真っ黒になることがありますよ」と言い，シートをテレビの前に持っていく。

❺ 「きれいな色がついて見えませんか？」と問うと，偏光板越しに色が見えるので，偏光板を目から外して確かめる子供も出てくる。

偏光板を目から外すと色は見えません。

♣ 成功のポイント

　少し堅い透明シートにセロハンテープを貼るのがいいでしょう。セロハンテープの種類によっても色の見え方が違うので，いろいろ試してほしいところです。

　また，透明プラスチックケースや卵のパックなど力をかけてプラスチックを加工しているものを偏光板の間に入れて見ると，力のかかっている部分にきれいな虹色が見えます。

応用 ➡

　　　テレビ画面表面の偏光板を剥がすと，映像が流れていても真っ白で映像を見ることができません。しかし，偏光板越しに見ると映像を見ることができ，面白い現象ではありますが，テレビを壊すつもりでやらないとできません。テレビの買い換え時などの不要なテレビが出たときに挑戦してみましょう。

7 不思議な液晶テレビ

小学校 3 年　光と音の性質
高校物理　波

現象	偏光板をテレビの前に持ってくると映像が見える（偏光）
時間	単元導入時（5分），解説及び子供実験時（20分）
準備物	偏光板，液晶テレビ（表面の偏光板を剥がしたもの）

　偏光板は，光レベルの細かい縦線が入っているような構造をしています。2 枚の偏光板を重ねて 1 つの偏光板を 90° 回転させると，光が通らず黒くなり見えなくなったり見えるようになったりします。その間に透明なプラスチックのケースなどを挟むと，それらの中で光が少しだけ偏光され，その少しの光のズレが色をつけて目に入ってくるので，虹色が見えます。

　液晶は本来透明な液体のようなものですが，電気をかけることで変形し，光を少し偏光させる性質をもつため，偏光板の間に挟むと色がついて見えます。液晶テレビの画面も偏光板の間に液晶を挟んだしくみになっているので，表面の偏光板を剥がすと色を見ることができず，真っ白な画面になってしまいます。それを偏光板越しに覗くと，映像を見ることができるようになります。

♠ 製作手順（演示準備）

① 　まだ見ることのできる，いらなくなった液晶テレビまたは PC モニターを用意する。

② 　液晶画面の偏光板を，全部剥がし取る。

　表面が堅い液晶画面は，直接カッターで切れ込みを入れて剥がすことができます。うまく剥がさないとテレビをダメにする場合もあるので注意します。

③ 　その液晶テレビの前で，偏光板または偏光板のついたメガネ（3D メガネでもいい）をかけて見ると，映像を見ることができる。

　偏光板の見る角度によっては，ネガの状態で見えます。

♥ 演示例

❶ DVDなどを再生して，画面に映像を流しておく。

❷ 表面の偏光板を剥がしたテレビを指さしながら「こちらに液晶テレビがあります。真っ白で何も映っていません」と言って液晶テレビを見せる。

❸ 液晶テレビに何も映っていないことを確認し，「こちらの不思議なシートで，この画面に動いている映像を映してご覧に入れましょう」と言い，画面の前に偏光板を持ってくると，シート越しに画面の映像が見える。

❹ 偏光板を配り，テレビ画面を見てもらう。

❺ 「このシートを使うと映像が見えていますよね」と言うと，偏光板越しに映像が見えるので，偏光板を目から外して確かめる子供も出てくる。偏光板を目から外すと映像は見えません。

♣ 成功のポイント

　テレビ画面の偏光板を剥がすためには，液晶画面の表面が堅いテレビを探すといいでしょう。パソコンの要らなくなったモニターが手に入りやすいのでオススメです。画面から1枚のシートとして剥がすのは困難なので，大きめの偏光板が手に入れば，画面の大きさに切り，それを貼って普通のテレビとして見せることができます。

応用➡
- -
　この光の偏向を利用して「虹の見える箱」を製作してみましょう。

【つくり方】箱の両側に窓をつくり，その窓に偏光板を貼るだけ。窓を覗いたときに真っ黒になる方が幻想的です。その箱の中に卵のパックやCDケース，または厚めのビニールを折り紙のように折った鶴などを入れると，虹色が見えるので試してみましょう。

8 光で風船を割る

小学校3年　光と音の性質
高校物理　波

現　象	OHPの光で風船を割る（光とレンズ）
時　間	単元導入時（5分），解説及び子供実験時（20分）
準備物	OHP，風船（色が濃いもの）

　ムシめがねを使用し，太陽の光を集めて紙を焦がした経験があると思います。それと同じ原理で光を集め，風船を割ってみせます。

　OHP（オーバーヘッドプロジェクター）は，現在のプロジェクターが出るまでは，一般的に学校で使用されていた教材投影装置です。学校に廃棄せずに置いてあれば，それを使って実験してみましょう。

　OHPのガラス面の下には大きな凸レンズがついています。OHPの光源もかなり強いのでものすごい熱が出ます。その強い光を一点に集めて風船を割ってみせます。

　OHPがないときは，外に出て，太陽の光とムシめがねを使って実験することもできます。

♠ 製作手順（演示準備）

① OHPのレンズと鏡のついているアームを取る。
② 濃い色（できれば黒がよい）の風船を膨らませる。
③ OHPの電源を入れ，風船をOHPのガラス面に密着するように持つ。
④ 風船をゆっくり上に上げていくと，光の焦点に当たる部分で風船が割れる。

♥ 演示例

❶ 「ここに風船を用意しました」と言い，目の前で膨らませてみせる。

❷ OHPのスイッチを入れ，「これからこの光の上に風船を持っていきます」と言って，風船をOHPのガラス面に密着させる。

この時点で割れると思う子供も多いです。

❸ 風船の下部に当たる光の大きさを見ながら，ゆっくりと風船を持ち上げていく。

❹ ガラス面から30～40cmの地点で，風船が「パン！」と割れる。

❺ 子供が驚いたのを確認して，演示を終える。

♣ 成功のポイント

　風船の色は黒がベストですが，赤や青でも大丈夫です。白や黄色はなかなか割れないので使用しません。

　OHP上に風船を持っていくときは，横からスライドさせるようにガラス面に近づけた状態で持っていきます。上からガラス面上に持っていこうとすると，途中で割れることがあるので注意します。

　OHPを隠した状態で演示するのもよいでしょう。

応用 ➡

- -

　透明な大きめの風船があれば，その中に黒い（または赤か青の）風船を入れておきましょう。この風船を使えば，中に入れた風船だけをOHPの光で割るという演出ができます。

　つくり方は，大きめの透明風船の中に黒い風船（サイズの小さいもの）を入れて，中の風船から膨らませます（かなりきついです）。その後，外側の風船を膨らませていきます。このとき，外側の風船を膨らませすぎると，中の風船より先に外側の風船が割れることもあるので注意しましょう。

9

カラスの声とニワトリの声

小学校3年　光と音の性質
高校物理基礎　様々な物理現象とエネルギーの利用／波

現　象	たこ糸を引っ張ると，カラスやニワトリの声が出る（音の性質）
時　間	単元導入時（5分），解説及び子供実験時（20分）
準備物	紙コップまたはプラコップ，たこ糸，クリップ，千枚通し，セロハンテープ，濡れた布または軍手

　音は空気の振動です。物体を叩いたり擦ったりして振動させると音が出ます。同様に，たこ糸を濡れたタオルなどで擦ると振動します。その振動をコップに伝えると，コップの大きさにより様々な高さの音を出します。2種類のコップを使って，カラスやニワトリの声を出してみましょう。

♠ 製作手順（演示準備）

① 　コップの底に千枚通しで穴を空ける。

　　カラスは200ml以上のプラコップがよいでしょう。

　　ニワトリは試飲用の小さめの紙コップがオススメです。

② 　たこ糸を50cm程度切り取り，右のようにクリップにたこ糸を通す。

③ 　コップの底に開けた穴にクリップのついたたこ糸を通す。

④ 　クリップが取れないように，セロハンテープで固定する。

⑤ 　コップを左手に持ち，コップから下に垂れているたこ糸を右手で，濡れた布または軍手でつまむようにして下に引っ張ると音が出る。

　　カラスは一定の速さで下に引っ張ると簡単にカラスの鳴き声にできますが，ニワトリはリズミカルに引っ張らないと「コケコッコー」と聞こえません。

　　コップにカラスやニワトリの絵をつけると，わかりやすいです。

♥ 演示例

❶ 机を叩いたり，黒板を爪でひっかいたりして「物体を叩いたり擦ったりといった振動を与えると音が出ます」と言う。

❷ たこ糸だけを取り出し，「このたこ糸もこのように濡れた布で挟んで引っ張ると振動しますが，大きな音は聞こえませんね」と言い，プラコップにたこ糸を通したものを見せる。

❸ 「振動を響かせるものがあればこのように…」と，コップの糸を濡れた布でつまんで引っ張る。

❹ 「アー」と大きな音が聞こえるので「何かの声に似ていませんか？」と問うと，子供たちの中に「カラスだ！」と気づくものがいる。

❺ 「じゃあこれは何に聞こえるかな？」と言い，小さい紙コップについたたこ糸をリズミカルに引いて，ニワトリの声を聞かせる。

♣ 成功のポイント

子供たちに実験させるときは，濡れた布より軍手の方がたこ糸をつまみやすいので，濡れた軍手を使用することをオススメします。

応用 ➡
- -
コップの大きさで音の高さが変わるので，出店などでビールを入れるような大きなコップでつくると，ウシガエルのような低い音が出ます。いろんな種類のコップを集めて音階をつくり，楽器をつくってみるのもいいと思うので挑戦してみましょう。

10 空きビンの共鳴

小学校３年　光と音の性質
高校物理基礎　様々な物理現象とエネルギーの利用／波

現　象	同じ種類の空きビンを吹くと共鳴する（共振）
時　間	単元導入時（３分），解説及び子供実験時（10分）
準備物	空きビンを数種類（各２本ずつ），アルミ箔

　空きビンの口に息を吹き込んで音を鳴らすと，それぞれに決まった音が出ます。空きビンには形状によって，それぞれ固有振動数があるからです。同じ空きビン同士の一方を鳴らすと，他方のビンが共鳴して中の空気が振動し，その振動によってアルミ箔を動かすため，ビンの口から落ちてしまいます。

　同じ振動数の箱つきの音叉を並べて，片方を鳴らすと，もう一方の音叉が鳴り出します。また，家の中にある家具が，遠くの滝壺に落ちる水の振動に共振し，上に置いてあった置物が動き出すという心霊現象のようなことを起こすこともあります。

♠ 製作手順（演示準備）

① 　アルミ箔を幅１cm，長さ４〜５cmに切ったものをビンの種類分用意する。

② 　それぞれのビンの口に，蓋をするように置く。

　アルミ箔は，半分ほど口からはみ出るようにします。

③ 　少し離れたところから空きビンを吹いて音を出すと，同じビンが共鳴し，ビンの口からアルミ箔が落ちる。

♥ 演示例

❶ 「ここに３種類のビンを用意しました」と言い，それぞれのビンの口に
アルミ箔を乗せる。

❷ ３〜４ｍほど離れて「ここから，みんなの選んだビンの上のアルミ箔だ
けを落として見せましょう」と言い，子供たちにビンを選んでもらう。

❸ 子供が選んだビンと同じビンの口に息
を吹き込んで音を鳴らす。

なるべく大きく鳴らします。

❹ 選んだビンのアルミ箔が落ちるので
「次はどれがいいですか？」と聞き，順
番に選んだビンと同じビンを鳴らして，
次々にアルミ箔を落としていく。

♣ 成功のポイント

ビンは見た目でわかるくらい大きさの異なったものを用意します。または，
ビンを吹いたとき，明らかに違う高さの音が出るものを用意します。あまり
差がないビンで行うと，大きな音で予定外のアルミ箔まで落ちてしまうので
注意しましょう。

応用 ➡

一度ビンを小さく鳴らして音の高さを確認し，自分の声で共振させて落として
みましょう。かなり難しいですが，できるとかなり子供にうけます。また，コッ
プの縁の高さのところにロウソクの火がくるように立てて，そのコップの固有振
動数に合わせて共鳴させると，ロウソクの火を消すこともできるので挑戦してみ
ましょう。

中学校1年　身近な物理現象／光と音

アルミ棒の共振

小学校3年　光と音の性質
高校物理基礎　様々な物理現象とエネルギーの利用／波

現 象	アルミ棒を優しく擦るだけで大きな音が出る（共振）
時 間	単元導入時（3分），解説及び子供実験時（10分）
準備物	アルミ棒（∅10mm，∅15mm）長さ90cm，松ヤニまたは糊

　物体は，それぞれ固有の振動数をもっています。食器洗いをしているとき，コップ（特にワイングラス）の口の部分を擦ったときに音が出ます。これはコップ（ガラス）が振動して音を出しているのです。

　アルミ棒も同様に，太さや長さによって振動数が決まっています。アルミ棒を擦って振動を与えることで，固有振動数と同じ振動が起こると，共鳴して音が出ます。さらに振動を大きくしていくことで，音が大きくなっていきます。

　アルミ棒を床に落とすと大きな音がしますが，優しく擦るだけでも大きな音を出すことができます。

♠ 製作手順（演示準備）

①　アルミ棒（∅10mm，∅15mm）を用意する。

　直径15mm のアルミ棒より，直径10mm のアルミ棒の方が音を出しやすいです。

②　アルミ棒が振動しやすいように，右手の人差し指と親指に松ヤニまたは糊をつける。

③　アルミ棒の重心を左手の人差し指と親指でつかみ，右手の人差し指と親指で挟み込むようにして，重心から下に向かってゆっくり擦ると，音が出る。

♥ 演示例

❶　アルミ棒を手に持ち「この金属の棒を床に落としたら，どんな音がする
　だろうか？」と問う。
　実際に落として，大きな音を教室中に響かせてもいいでしょう。みんなか
なりびっくりすると思います。

❷　アルミ棒を左手に持ち「しかし，棒を落と
　さなくても，このように優しく擦るだけで
　…」と言いながら，右手で棒を擦り始める。
　徐々に大きな音が出ます。最大で，耳を塞ぎ
たくなるような音が教室中に響きます。

❸　擦っていた棒の反対側（上側）を右手で握
　ると，音が消える（振動を止めたため）。

♣ 成功のポイント

　アルミ棒を擦るときは，重心の方から下に向かって擦っていきますが，重
心に近いところではゆっくりとしたスピードで，棒の端（下）の方では素早
く擦ります。
　"ゆっくり…早く"
　"ゆっくり…早く"
と心で唱えながら擦るとうまくいきます。

応用➡
- -
　　いろいろな太さで挑戦するとよいでしょう。直径が細い物の方が音を出しやす
いですが，少し鳴らしにくいですが太い物の方が，大きな音が出ます。
　　また，上から4分の1の点を左手でつまみ，そこから棒の中心に向かって同様
に擦ると，倍音（2倍高い振動数の音）が出るので，挑戦してみましょう。

12 消えるロウソク

小学校4年　空気と水の性質
高校化学基礎　物質の変化とその利用

現　象	二酸化炭素が入ったコップを傾けると，ロウソクの火が消える（気体の性質）
時　間	単元導入時（5分），解説及び子供実験時（10分）
準備物	ロウソク，台，マッチ，ドライアイスまたは炭酸水（二酸化炭素），大きめの容器，プラコップ，蓋

　二酸化炭素は，火を消すことができます。消火器にも使用されています。ドライアイスは，二酸化炭素の固体です。ドライアイスが溶けると，その750倍の体積の二酸化炭素（気体）になります。ドライアイスがあれば，たくさんの二酸化炭素をつくることができます。

　二酸化炭素は，炭酸飲料や泡の出る入浴剤などいろんな物から取り出すことができます。また，二酸化炭素は空気より重い気体なので，容器に貯めておくこともできます。その性質を使って，ロウソクの火を消してみましょう。

♠ 製作手順（演示準備）

①　大きめの容器にドライアイスを入れ，ある程度溶けるまで待つと容器の中が二酸化炭素でいっぱいになる。

　炭酸水を使用するときは，大きめの容器に炭酸水を入れ，箸などで炭酸水をかき混ぜてたくさんの泡を出します。

②　プラコップに水を注ぐように二酸化炭素を入れ，そのコップに蓋をする。二酸化炭素は目に見えないが，何となく入っているのがわかる。

　直接プラコップにドライアイスを入れ，溶けるまで待つのもいいでしょう。

③　ロウソクを台の上に立て，火をつける。

④　ロウソクの上に蓋を取ったプラコップを持っていき，コップの中に入っている水を火にかけるかのように傾けていく。

⑤　するとロウソクの火は消えてしまう。

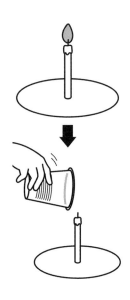

♥ 演示例

❶ ロウソクに火をつけて「このロウソクの火を消すには，上から水をかけるか，強く息を吹きかけるしかありませんね」と子供たちに確認をする。

❷ 「ここに，何も入っていない空のコップがあります」とコップから蓋を取って持ち上げる。

❸ 「この中には，皆さんには見えない水が入っています」「この見えない水でロウソクの火を消してみせましょう」と言って，コップの中の水で火を消すような感じで，ロウソクの上から火に向かって二酸化炭素をかける。

❹ すぐに火は消える。「いかがですか」と言って，演示を終える。

♣ 成功のポイント

ドライアイスの場合，ドライアイスを大きめの容器に入れたとき，全部溶けきらないうちにプラコップに入れると，薄く白い冷気が見えるので，プラコップの中に二酸化炭素が入っていくのがわかりやすいです。その後，プラコップに蓋をしておけば，長い間置いておくことができます。

プラコップが大きければ，ロウソクの火にゆっくりかけても十分に消すことができます。

応用 ➡
- -
誕生会などでケーキの上のロウソクを消すときに，このような方法で一つずつ消してみるのもいいかもしれません。

13 ストローで串刺し

高校物理基礎　物体の運動とエネルギー
小学校4年　空気と水の性質

現　象	空気の力でリンゴにストローを刺す（閉じ込められた空気）
時　間	単元導入時（3分），解説及び子供実験時（10分）
準備物	リンゴ（ジャガイモなどでもいい），曲がらないストロー

　ストローは薄いプラスチックでできていて，空気が通り抜けるような筒状の構造をしています。ストローを握るように持ってリンゴを刺そうとすると，ふにゃっと曲がって折れてしまいます。

　しかし，ストローの中に空気を閉じ込めるように親指で上の口を塞ぐようにして刺すと，空気の逃げ場がなくなり強く堅いストローになるので，簡単に深く突き刺すことができます。

ふにゃっと曲がる

深く突き刺せる

♠ 製作手順（演示準備）

① リンゴや梨，スイカなど皮つきの固めの果物を用意する。

　グレープフルーツのような，表面の皮自体が厚い果物はうまくいきませんので避けるようにしましょう。

② ストローの上の口をふさぐように握り，思いっきり刺す。底の方まで刺すことができる。

♥ 演示例

❶ リンゴを机の上に置き「こちらにリンゴを用意しました。竹串であれば簡単に刺すことができますが，この柔らかいストローで刺すことができるでしょうか？」と問いかける。

❷ 一人子供を選び，普通にストローを持たせて挑戦させる。

　ストローによっては，上の口を塞がなくても刺すことのできる堅いものもあるので，ストローをいくつか用意して試しておきます。

❸ 「普通にストローを握っては，堅い果物を刺すことはできませんが…」と言い，ストローの口を押さえて思いっきりストローをリンゴに向かって刺す。

❹ 「いかがですか。リンゴの底の方までストローを刺すことができました」と言って演示を終える。

♣ 成功のポイント

　表面の皮が薄い果物であれば，何でも刺すことができます。親指でストローの口をしっかり押さえて，思いっきり刺し込むのがコツです。かなり奥まで刺さるので，子供に体験させると面白いでしょう。

　リンゴは値段が高いので，ジャガイモで行うのもよいでしょう。

応用 ➡
- -

　大きめのミカンやグレープフルーツなどに突き刺すときは，ストローの中に水を入れ，親指でストローの口をふさいで持って刺せば，ある程度皮の厚いものでも突き刺すことができます。

中学校1年　身の回りの物質／物質のすがた

14 圧縮発火

小学校4年　空気と水の性質
高校物理基礎　物体の運動とエネルギー

現　象	アクリルパイプに入った綿が一瞬で燃える（圧力：熱）
時　間	単元導入時（3分），解説及び子供実験時（10分）
準備物	アクリルパイプ（∅9mm），金属棒（∅6～7mm），ゴムパッキン，木片の取っ手，ゴム栓，角材，木ねじ，綿

　空気を圧縮すると，密閉された中の空気は熱くなります。空気の圧縮や膨張による熱の様子は，スプレー缶などでも感じることができます。スプレーの中身を大量に出した後，中の圧力が下がるので，冷たくなるのが体感できます。空気を一瞬でしかも高圧縮すると，発火するほどの温度となります。
　その熱で，アクリル中の綿に火をつける現象です。

♠ 製作手順（演示準備）

① 　金属棒（∅6～7mm）の端に溝を2本入れる。

　溝は金切りノコで入れられますが，工業高校で削ってもらうとよいでしょう。

② 　その溝にゴムパッキンをはめ，反対側に木片の取っ手をつける。

③ 　金属棒がスムーズに入るアクリルパイプ（アクリルの厚さは，厚い方がよい）の端に，ゴム栓（0番）の先を1cmほど切ったものを詰める。

④ 　圧縮発火器の台は，角材に木ねじをねじ込み，5mmほど頭を出す。

⑤ 　ゴム栓の部分を台の木ねじに当てて固定し，実験を行う。

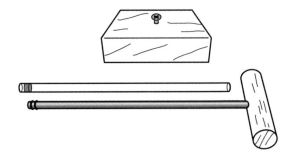

圧縮発火器

♥ 演示例

❶ 「ここに，空気鉄砲のようなものを用意しました」と言い，圧縮発火器を見せる。

❷ 「この中に，綿を小さくちぎって入れます」と言って，綿を小さくちぎって丸めてアクリルパイプの中に入れる。

❸ アクリルパイプの口に金属棒を入れて，「一瞬ですので，見逃さないでくださいね！」と言って，金属棒を思いっきり上から真下に押し込む。

明るくパッと光り，綿が燃えます。

♣ 成功のポイント

　金属棒を思いっきり速く押し込むのがポイントです。押す勢いが足りないと，煙だけが出て燃えません。自作の圧縮発火器は何度でも押し直すことができるので，燃えるまでチャレンジしましょう。

　また，アクリルの厚さが2mm以上のパイプを使用しないと，発火したときに破壊されて飛び散る場合があります。

　車などのディーゼルエンジンがこの原理を利用しています。

応用 ➡

- -

　綿火薬を使うと発火したときの光が強く効果的です。綿火薬はごま粒大で十分発火します。しかし，多く入れすぎるとアクリルパイプを破壊してしまうので，注意しましょう。

　また，この装置を使ってドライアイスを圧縮し，二酸化炭素の液体を見せることもできます。ドライアイス（CO_2）は，5.1気圧で液化します。

中学校1年　身の回りの物質／物質のすがた

15 スプーン切断

小学校4年　金属，水，空気と温度
高校化学基礎　物質の構成

現　象	金属製スプーンを目の前で切断する（金属疲労）
時　間	単元導入時（1分），解説及び子供実験時（20分）
準備物	スプーン2本（1本は「スプーン曲げ」用）

　てこの原理によって簡単に曲がるスプーンも，物質の種類によって曲がりやすさが違います。素手で曲げるだけで折れてしまう金属や，いくら曲げてもなかなか切断できない金属もあります。ペンチやニッパーがないときに，針金を何回も曲げて切断するのも金属疲労で説明できる現象です。

♠ **製作手順（演示準備）**

① 　スプーンの頭と枝の部分の間に絵柄のあるスプーンを選ぶ。

② 　頭の凹んだ部分を自分に向けて，左手の親指でスプーンの絵柄を押さえるように握る。

③ 　頭を右手で包み込むように握り，思いっきり手前に曲げ，また元の位置まで戻す。このときにスプーンに折り目が入り，折れる状態になる。

④ 　折り目が入った部分を指で隠しながらスプーンの枝の部分を何度か曲げる。あと1～2回曲げると折れるくらいでやめる。

⑤ 　スプーンの枝の部分を持ち，小刻みに揺らすと，徐々に曲がり折れる。

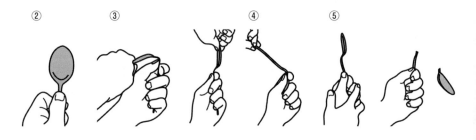

♥ 演示例

❶ 「スプーン曲げ」（p.43参照）を行った後に「これくらいスプーンを柔らかくすることができると，こんなこともできるんです」と言い，後ろのテーブルに置いたスプーンを取りながら子供に背を向け，左手親指でスプーンの絵柄を押さえながら思いっきり曲げ，元に戻し，子供の方へ向き直る。曲げているところは，子供に見られないようにします。

❷ 折り目の入ったところを隠しながら「柔らかく見えますか？」と言ってスプーンの枝を曲げる。2～3回曲げたくらいでは簡単に折れないので，「本当はこんなに堅いんですけどね」と言って，スプーンで机をコンコンと叩いてみせる。

❸ また同様に，スプーンの枝を動かしながら「柔らかく見えますか？」と問う。あと1～2回曲げると折れると思うところで止め，枝の部分を握りしめて小刻みに揺らすと，ゆっくりと曲がりながらスプーンの頭の部分が折れ落ちる。

♣ 成功のポイント

　スプーンは，頭の膨らんだ方向には何度も曲げることができますが，絵柄の部分を逆方向に曲げると1回で折れそうになります。2本入りのスプーンの1本を使用して「スプーン曲げ」をした後に，残りのもう1本を使って「スプーン切断」をします。そのとき，残りの1本を自分の後ろの机に置くと，取りにいくときに自然に子供に背を向けられるので，見えないように細工ができます。

応用➡

━━

　針金なども切断してみせられますが，何度か曲げたところが熱くなるので演示の途中で熱くなった金属部分を触ってもらうのもいいでしょう。

中学校1年　身の回りの物質／状態変化

16

紙のスプーン曲げ

小学校4年　金属，水，空気と温度
高校化学基礎　化学と人間生活

現　象	手の平に乗せた紙のスプーンが勝手に曲がる（熱）
時　間	単元導入時（2分），解説及び子供実験時（10分）
準備物	スプーン，トレーシングペーパー

　物体に熱を与えると膨張します。トレーシングペーパーを手の平に乗せると，手の平からの熱と皮膚呼吸による湿気のために，手の平側の紙面が伸びていくので，丸まっていくように曲がっていきます。

　金属も，高い熱を与えると伸びます。線路の金属部分が夏になると伸びるため，一定の距離で切れ目を入れて対応しているのはよく知られているところです。バイメタル式温度計（アイロンなどに入っている）は，2種類の金属を張り合わせ，熱による膨張の違いを利用して曲がることでスイッチのON，OFFを切り換えています。

♠ 製作手順（演示準備）

① トレーシングペーパーを手の平に乗るサイズ（25mm×70mm）に切り，スプーンの絵を描く。

② それを手の平に乗せると，ゆっくりと曲がり始める。

　熱（湿気）によって曲がる方向を確かめてから，スプーンの絵を描きましょう。

♥ 演示例

　教師が金属製の「スプーン曲げ」を見せた後に演じます。金属製のスプーンは，スプーンの柄の端を左手小指のつけ根に挟み込むように握り，右手の人差し指と中指の2本でスプーンの頭を上から押さえ，息を吐きながら，右手は手前に左手は前に突き出すように一気に曲げることで曲げられます。

❶ 「みんなにもスプーン曲げを体験して
　もらおうと思いましたが，全員分のスプ
　ーンを用意できなかったので，紙のスプ
　ーンを用意しました」と言い，全員に配
　る。

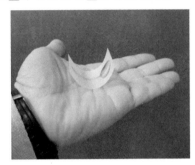

❷ 　紙のスプーンを右手につまむように持
　ち，「私と同様に右手でスプーンの先を
　つまむように持ってください」と言う。

❸ 「空いている左手を出して，その上に紙のスプーンを乗せます」と言っ
　て左の手の平に乗せてもらう。

❹ 　右手で「曲がれ，曲がれ」とおまじないをかける仕草をしてもらうと，
　だんだん曲がってくる。

♣ 成功のポイント

　トレーシングペーパーが熱（湿気）を与えるとどの方向に曲がるのかをしっかり確認してから，スプーンの大きさ（25mm×70mm）に切ります。方向を間違えると短い方（25mmの方）が曲がるので気をつけます。また，手が乾燥していると曲がりにくいので，潤いチェックにも使用できます。

応用 ➡
- -
　色セロファンでも同様に曲がります。だいたいの薄い紙類は熱や湿気で曲がります。お札も，折り目のない新しいものであれば短い方向に曲がります。

17 紙皿でお湯を沸かす

小学校4年　金属，水，空気と温度
高校化学基礎　化学と人間生活

現　象	紙皿でお湯を沸かす（熱の伝わり方）
時　間	単元導入時（10分），解説及び子供実験時（20分）
準備物	少し深めの紙皿，アルコールランプ，三脚台，マッチ，コーヒー粉

　紙は，火を近づけると簡単に燃えてしまいます。しかし，紙を鍋代わりにして水を入れ，下から火を当てると燃えることなくお湯を沸かすことができます。

　それは，水の沸点が100℃であることから，紙皿に水を入れておけば火にかけている底の方は100℃以上に温度が上がることがないため，紙が燃えることがないのです。キャンプなどで試してみるのも楽しいでしょう。

♠ **製作手順（演示準備）**

　①　紙皿に水を入れ，三脚台の上に置く。

　②　アルコールランプに火をつけ，水の入った紙皿の下に持っていく。

♥ 演示例

❶ アルコールランプと紙皿をテーブルの上に置いておく。

❷ 「今日は，突然コーヒーが飲みたくなりました」と言い，アルコールランプを手に取り，周りを見渡して「水を入れる容器がないなぁ」とつぶやく。

❸ 紙皿を手に取り「これしかないから，これを使ってお湯を沸かそう」と言い，紙皿に水を入れ三脚台の上に置く。

❹ アルコールランプに火をつけ，水の入った紙皿の下に持っていく。

❺ 水が沸騰したら，その水でコーヒーまたはお茶をつくって飲む。

♣ 成功のポイント

アルコールランプの火は，紙皿の底の平らな広い部分に当てます。紙コップのように紙の台が底のふちについているものは，その部分が燃えてしまうので注意しましょう。

応用 ➡

- -

紙皿がなければ，厚紙とホッチキスで四角い入れ物をつくり，それに水を入れてお湯を沸かすのもいいでしょう。また，海水を沸騰させて塩を取ってみせることもできますが，完全に水がなくなると紙が燃えてしまうので注意しましょう。

また，ビニールでも少しの時間なら同じことができるので，ライターを用意して，水の入ったビニール袋の下からライターの火であぶってみせるのも面白いですよ。

18

電池で燃えるスチール

小学校6年　電気の利用
高校物理基礎　様々な物理現象とエネルギーの利用／電気

現象	9V電池でスチールウールに火をつける（電気抵抗）
時間	単元導入時（5分），解説及び子供実験時（10分）
準備物	釘，豆電球，スチールウール，9V電池，鉄製の缶の蓋

　鉄（スチール）は電気を通します。鉄や銅線は電気抵抗がなく電気を流すようなイメージがありますが，大きな電気を流したり，線自体が細かったりすると電気抵抗が大きくなって熱を帯び熱くなります。

　とても細い鉄でできたスチールウールは，あまりに細いため，電池ほどの電流を流しても電気抵抗によって熱くなり，鉄が燃えるほどの熱を出します。

♠ **製作手順（演示準備）**

① 　鉄製の缶の蓋の上にスチールウールを置く。

② 　9V電池の上部にあるプラスとマイナスの端子を，スチールウールにつける。

③ 　端子の間のスチールウールに火花が見える。

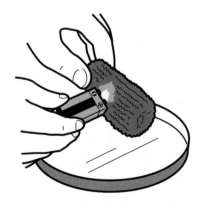

④ 　その火花に息を吹きかけると，火が広がり燃えていく。

♥ 演示例

❶ 「鉄は電気を流します」と言い，釘を出して電池と豆電球をつなぎ，豆電球を点灯させてみせる。

❷ 「この電池で鉄に火をつけることができると思いますか？」と問いかける。

❸ 子供の意見を聞いてから，スチールウールを取り出し「それではこの電池を使って，このスチールウールを燃やしてみたいと思います」と言い，缶の蓋の上にスチールウールを置く。

❹ スチールウールの表面に，プラスとマイナスの端子を押し当てて，擦るように動かすと火がつく。

♣ 成功のポイント

９Ｖ電池は，上部にプラスとマイナスの端子があるため使用しやすいですが，端子間が狭いため，火花が出たときに息を吹きかけないと燃え広がりません。端子にソケットをつけて線を出せば，プラスとマイナスの間を広げることができ，火をつけることが容易になります。単３乾電池２〜４個用のボックスを使用すれば豆電球の実験もしやすく，火をつけやすいです。

スチールウールは，３〜６Ｖ程度で十分火をつけることができます。

応用➡

鉄は火がつかない物だと思っている子供が多いと思うので，スチールウールを缶の蓋の上に軽くほぐして置き，マッチで火をつけてみせるのもよいでしょう。また，燃え尽きた後のスチールウールは，空気中の酸素と化合して燃え酸化鉄になっています。そのため，取り込んだ酸素の分だけ重くなっているのでキッチンスケール（精密天秤）で量ると重くなっています。

キャンプに行ったときなど，火を起こす場面で使用して，みんなをびっくりさせましょう。

中学校2年　電流とその利用／電流

19 操れるシャボン玉

小学校6年　電気の利用
高校物理基礎　様々な物理現象とエネルギーの利用／電気

現　象	シャボン玉を両手で操る（静電気）
時　間	単元導入時（3分），解説及び子供実験時（10分）
準備物	シャボン液，タピオカストローまたは静電気スティック，アルミホイル，テープ，アートバルーン，毛糸のマフラー

　静電気が起こると，身近にある軽い物体（ビニールや紙）がくっついてきます。静電気を帯びた（帯電した）物体に帯電していない物体を近づけると，帯電していない物体の表面に帯電した電極と逆の電極が集まり，帯電した物体を引き寄せるのです。その現象は，磁石と似ています。

　それを利用すると，シャボン玉を帯電させることで，帯電していない両手がシャボン玉に近づくと引き寄せられるため，シャボン玉を操ることができるようになります。

♠ 製作手順（演示準備）

① タピオカストロー（Ø15mm）を2本つなげて40cmのストローをつくる。

② ストローの先端から15cmにアルミホイルを巻く。

③ 10cm×2cmのアルミホイルを切り，ストローにつけたアルミホイルにテープで取りつける。

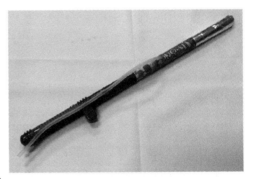

静電気スティック

タピオカストローの代わりに静電気スティックを使用する場合は，スティックの先にアルミホイルをつけ，スティックの根元に空気が送れるようにチューブを取りつけます（上の写真）。

♥ 演示例

❶ アートバルーンを毛糸のマフラーで擦って帯電させる。

❷ ストローでシャボン玉を膨らませながら，帯電したアートバルーンをストローのアルミホイルに近づけて，触れるのと同時にシャボン玉をストローから切り離す。

静電気スティックの場合は，シャボン玉を膨らませた後スイッチを入れ，帯電したのを確認してシャボン玉をスティックから切り離します。

❸ シャボン玉に触れないように，両手を使ってシャボン玉を引き寄せながら操る。

なかなか難しいですが練習あるのみです。

❹ 最後に，指で弾いてシャボン玉を割り，演示を終える。

♣ 成功のポイント

帯電したシャボン玉は，手を近づけすぎるとものすごい速さで寄ってくるので，一定の距離を保ちながら操らなくてはなりません。その日の湿度や教室の環境によっては静電気が起きにくい場合もあるので，事前に何度も練習しておくことが必要です。

応用 ➡

- -

アートバルーンを2本帯電させて，普通に吹いたシャボン玉を操ることもできるので挑戦してみましょう。また，電気クラゲなど，静電気を利用した物体浮遊の実験は数多くあるので，いろいろな素材の軽いものを帯電させて，空中浮遊に挑戦してみましょう。

20 踊る一反木綿

小学校6年　電気の利用
高校物理基礎　様々な物理現象とエネルギーの利用／電気

現象	ティッシュペーパーでつくった一反木綿が立ち上がり踊り出す（静電気）
時間	単元導入時（3分），解説及び子供実験時（10分）
準備物	ティッシュペーパー，セロハンテープ，アートバルーン，毛糸のマフラー

　静電気が起こると，身近にある軽い物体（ビニールや紙）がくっついてきます。静電気を帯びた（帯電した）物体に帯電していない物体を近づけると，帯電していない物体の表面に帯電した電極と逆の電極が集まり，帯電した物体を引き寄せるのです。その現象は，磁石と似ています。

　それを利用すると，アートバルーンを帯電させることで，帯電していないティッシュペーパーが近づいたアートバルーンに引き寄せられるため，ティッシュペーパーでつくった一反木綿を操ることができるようになります。

♠ 製作手順（演示準備）

① ティッシュペーパーを切り，一反木綿（妖怪）の形をつくる。

② アートバルーンを半分くらいに切ってパンパンに膨らませる。

　短い方が扱いやすいため半分にするとよいでしょう。

③ 机にティッシュペーパーでつくった一反木綿1枚の下端をセロハンテープで貼りつける。

　ティッシュペーパーは2枚1組になっているので，その1枚を使用します。

④ 膨らませたアートバルーンを毛糸のマフラーで擦り，帯電させる。

⑤ 帯電したアートバルーンを一反木綿の近くに持ってくると，吸いつくように立ち上がり，アートバルーンを動かすと踊るようについてくる。

♥ 演示例

❶ 「ここにティッシュペーパーでつくった一反木綿がいます」と言って，セロハンテープで一反木綿の端を机に貼る。

❷ アートバルーンを毛糸のマフラーなどで擦って帯電させ，「これから，この一反木綿に命を吹き込みます」と言い，帯電したアートバルーンを一反木綿の上に持ってくる。

❸ すると一反木綿が立ち上がるので，「まるで生きているようですね」と言って，アートバルーンを左右に動かす。

何回か左右に動かし，ダンスをしているように操ります。

❹ 最後に，アートバルーンを遠ざけて，「踊りすぎてつかれたようです」と言って演示を終える。

♣ 成功のポイント

帯電したアートバルーンで操るとき，なるべく一反木綿から距離を置き，その距離を保ちながら操ります。その日の湿度や教室の環境によっては静電気が起きにくい場合もあり，すぐに放電して引き寄せる力が弱くなることがあるので注意が必要です。

応用 ➡
- -
アートバルーンは擦るとすぐに静電気を帯びるので，帯電させたら自分自身にくっつけて見せたり，子供の頭や身体にくっつけたりするのもよいでしょう。黒板にもよくくっつきますよ。アートバルーンを帯電させて，いろんなものを引き寄せて遊んでみましょう。

21 何でもスピーカー

小学校3年　磁石の性質
高校物理　電気と磁気

現 象	身の回りの物が，何でもスピーカーになる（電流と磁界（電磁石））
時 間	単元導入時（3分），解説及び子供実験時（10分）
準備物	ドーナツ型フェライト磁石，エナメル線（∅0.4〜0.5mm），紙ヤスリ，ステレオ（大きめのCDラジカセ）

　コイルに電流が流れると磁石のように磁界をつくります。そこに磁石を近づけると，電流を流す方向によってコイルがくっつこうとしたり離れようとしたりします。ステレオのアンプにつないだコイルは，アンプから出る強弱のついた電流によって磁力が変化し振動を起こすので，机や窓などの振動を起こさせたい物体に押し当てると，それ自身が振動してそこから音が聞こえてきます。

　スピーカーも同じ原理で膜を動かして音を出しているので，振動を伝えるものがあれば，すべて音を出します。ヘッドホンも同じしくみです。現在ではこのしくみで壁全体から音を出させるスピーカーなども販売されています。

♠ 製作手順（演示準備）

① なるべく大きめのドーナツ型フェライト磁石を用意し，その磁石からはみ出ない大きさでエナメル線を巻き，20〜25回巻きのコイルをつくる。
エナメル線の太さは∅0.4〜0.5mmくらいがいいでしょう。

② コイルにしたエナメル線の両端のコーティングを，紙ヤスリで剥がす。

③ その剥がしたエナメル線を，ステレオの裏にあるスピーカー用の端子に接続する。

④ ステレオで音楽を流し，コイルに磁石をくっつけると振動を感じる。

⑤ その磁石とコイルをいろいろなものにくっつけ（押し当て），音を出す。
振動しやすいものは案外大きな音が出ます（例：お菓子缶の空箱など）。

♥ 演示例

❶ あらかじめ音楽を流しているステレオに，エナメル線をつないでおく。

❷ 「ここにコイルを用意しました。これは普通に20回ほど巻いたコイルです」と言い，コイルを見せる。

❸ ドーナツ型フェライト磁石を持ち「この磁石と組み合わせると不思議な現象が起こります」と言って，コイルと磁石を机の上面に押し当てる。すると音楽が流れ出す。

❹ 「他のものでも試してみましょう」と言い，缶の箱や段ボール，窓ガラスなどに押し当ててみる。

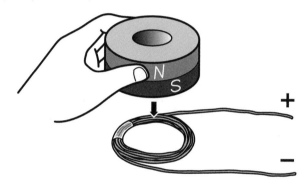

♣ 成功のポイント

コイルと磁石を押し当てるときは，必ずコイルを下にして押し当てること。アンプのボリュームを大きくしすぎると，アンプを壊す原因になるので気をつけましょう。

応用 ➡

コイルと磁石を手に持っているだけで振動を感じるので，頭，特に耳の近くの骨（頭蓋骨）に直接押し当てると，押し当てられている人だけ音が聞こえてきます。骨伝導で音が伝わっているのです。面白いので試してみましょう。

中学校2年　電流とその利用／電流と磁界

磁力のつり合いペン立て

小学校3年　磁石の性質
高校物理　電気と磁気

現　象	不思議なペンスタンドがペン先を下にして立っている（磁力）
時　間	単元導入時（3分），解説及び子供実験時（10分）
準備物	針金，発泡トレイ，ボールペン，磁石，画鋲

　画鋲やクリップは，鉄でできているため磁石にくっつき，見えない磁力の力によって離れていても引きつけることができます。その見えない引きつけ合う磁力を利用した現象を使って，ペンを垂直に立てて置けるペンスタンドを自作して演じます。

　磁力は人間の目には見えないため，いろいろな分野で利用されています。電子制御ではありますが，磁力の反発する力を使って，地球儀を空中に浮かせて置いておくことのできる置物も商品化されています。

♠ 製作手順（演示準備）

① 針金をスタンドのようにして，発泡トレイに貼りつける。

② ボールペンの蓋を取り，上の部分（ペン先の反対側）に画鋲を刺す。

③ 針金スタンドの上に磁石をつける。

④ トレイにボールペンの先をつけて立たせ，刺した画鋲を磁石に向けて，磁力によってボールペンが倒れないように磁石との距離を調整する。

♣ 演示例

❶ ボールペンを持ち，机の上に立てようとしながら「立てようとしても，すぐ倒れてしまいます」と言って，何度かペンを立てようとする。

❷ ペンを持ち「このペンを立てておく専用のペン立てを紹介しましょう」と言い，磁石つきペン立てを取り出す。

❸ 「これは，ペン立てです」と言いながらペンを取り出し，トレイに立たせる。

微妙に揺れながら立っているので，不思議な感じがします。

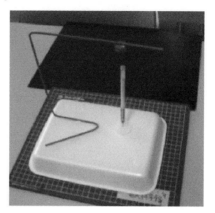

❹ 「糸でつっているのではありません」と言いながら，ペンと磁石の間に指またはプラスチックの定規を入れて糸などがないことを見せる。

♣ 成功のポイント

磁石が弱いと，ペンをうまく立てることができません。小さくても強力なネオジム磁石が最適です。

子供用に工作させる場合は，100円ショップの商品で20個くらい入っているフェライト磁石を買うと安価でできます。

単元が終わるときに，磁石を使った工作として製作させるといいでしょう。

応用 ➡

画鋲の代わりに小さなネオジム磁石を使用すると，スタンドにつけた磁石との間隔を広げることができるので，なお不思議さを増すことができます。

23 磁石で浮いた不思議な蝶

小学校3年　磁石の性質
高校物理　電気と磁気

現　象	磁石の力で，空中に蝶が浮いて飛んでいるように見える（磁力）
時　間	単元導入時（5分），解説及び子供実験時（10分）
準備物	強力磁石（数個），力学スタンド，蝶のイラスト，糸，クリップ，プラスチック下敷き，アルミ製定規，銅板，鉄製のはさみ

　画鋲やクリップは，鉄でできているため磁石にくっつき，見えない磁力の力によって間を空けても引っ張り合って浮かせることができます。磁石と磁石の間に鉄以外の物（磁石にくっつかない物）を入れても，その間の磁力は変わりません。

　しかし，鉄（磁石にくっつく物）を入れると，間の磁力が鉄の中に取り込まれるため，磁石の影響を受けなくなります。それを利用します。

♠ 製作手順（演示準備）

① 　力学スタンドの上の方に強力磁石を取りつける。
② 　糸に蝶のイラストを貼りつけ，頭の方にクリップ（小さい強力磁石でもよい）を取りつける。
③ 　スタンドの磁石にくっつかないように調整しながら蝶を浮かせ，なるべく大きな距離で止まるようにスタンドの足に糸を結び，取りつける。
　ぎりぎりで浮いているようにして，間を大きく空けます。
④ 　磁石と蝶の間に入れる物として，プラスチック下敷き，アルミ製定規，銅板，鉄製のはさみなどを用意する。
⑤ 　磁石と鉄の間に磁石にくっつかない物を入れても，蝶は浮いたままだが，鉄などの磁石にくっつく物を入れると，間の磁力がその中に取り込まれ，磁石の力の影響を受けなくなるため，重力に負けて蝶が落ちる。

♥ 演示例

❶ 蝶を見せながら「ここに，蝶が飛んでいます」と言って，蝶につけたクリップをスタンド上部の強力磁石に近づけて，蝶を浮かせる。

❷ 蝶を指さし「空中に蝶が浮いています。蝶の上には糸などありません」と言って，プラスチックの下敷きを間に入れて見せる。蝶は落ちない。

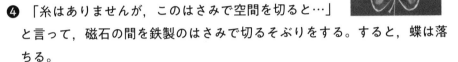

❸ 「次に，これを入れてみましょう」と言いながら，アルミ製の定規や銅板を間に入れて見せる。蝶は落ちない。

❹ 「糸はありませんが，このはさみで空間を切ると…」と言って，磁石の間を鉄製のはさみで切るそぶりをする。すると，蝶は落ちる。

♣ 成功のポイント

　磁力が弱いと，磁石と蝶の間が小さくなってしまいます。強力なネオジム磁石を数個使用して磁石を強くし，蝶と磁石の間を大きくします。

　鉄製のはさみで切るそぶりをするときは，強力磁石にはさみがくっつけられないように注意しながら行います。

　磁石は，精密な機械や磁気記憶装置などに大きな影響を与え，下手をすると壊してしまいます。そこで，精密な機械は，鉄で囲んで磁力が入ってこないような工夫がされていることが多いようです。

応用 ➡
- -

　いろいろな物を，糸を使って空中に浮かせてみましょう。また，鉄にくっつけた磁石の磁力線が，どのようになっているのかを考えさせることで，「強くなる磁石」（p.60参照）のサイエンスマジックにもっていくとよいでしょう。

24

磁石に立てられない釘

小学校3年　磁石の性質
高校物理　電気と磁気

現象	フェライト磁石の上に釘を数本立てるのが難しい（磁界）
時間	単元導入時（3分），解説及び子供実験時（10分）
準備物	フェライト磁石，釘（磁石の大きさで釘の大きさも変わる）

　画鋲やクリップは，鉄でできているため磁石にくっつき，見えない磁力の力によって間を空けても引っ張り合って浮かせることができます。磁石と磁石の間に鉄以外の物（磁石にくっつかない物）を入れても，その間の磁力は変わりません。しかし，鉄（磁石にくっつく物）を入れると，間の磁力が鉄の中に取り込まれます。

　磁石はN極から磁力線が出て，その線はS極に入ってきます。この磁石のN極とS極は面白い性質をもっていて，違う極同士（NとS）だとくっつき合い，同極同士（NとN，SとS）だと反発し合います。また，磁石に鉄をくっつけると，くっついた鉄は磁石と同じ性質をもち，次々に鉄をくっつけることができます。

　その現象を利用して不思議な体験をしてみましょう。

♠ 製作手順（演示準備）

① 直径3〜4cmくらいの円形のフェライト磁石を用意する。四角形でもよいが，円形の方が手に入れやすい。

　平たい磁石は面積の広い面がどちらかの極になっているものが多いので，それを使います。

② 机の上に磁石を置き，単純に釘の頭を磁石の面にくっつけて，まっすぐ立てる。

③ 5〜6本ほど立てると，釘の上部が反発し合って次々と倒れていくため，多くの釘を立てることはできない。

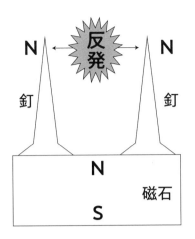

♥ 演示例

❶ フェライト磁石を手に持ち，「ここに磁石があります。この磁石に釘を くっつけるとたくさんくっつきますが…」と言い，磁石を釘の山の中に入 れて持ち上げ，釘がたくさんくっついているのを見せる。

❷ 「ここで，この磁石の上に誰がたくさん釘を立てられるか，勝負をして みたいと思います」と言い，磁石と釘（一人10本くらい）を配る。

❸ 「ちゃんとまっすぐに何本立てられますか？」と問いかける。

♣ 成功のポイント

　それほど磁力の強くない磁石の方が，意外と釘の本数が少なくしか立てら れません。しっかり釘の平たい頭の部分を磁石にくっつけて，垂直に立たせ るように指示するのがポイントです。

応用➡
- -
　磁力の強い磁石で挑戦したり，釘の大きさを変えてみたりするとどうなるか， 試してみましょう。

25 強くなる磁石

小学校3年　磁石の性質
高校物理　電気と磁気

現　象	磁石単体では持ち上げられない物が，磁石を鉄板に挟むと持ち上がる（磁界）
時　間	単元導入時（3分），解説及び子供実験時（10分）
準備物	フェライト磁石，磁石より少し大きめの鉄板2枚，おもりになる重い物（ボウリングのボールなど）

　磁石はN極から磁力線が出て，その線はS極に入ってきます。平たい磁石では面積の広い面がどちらかの極になっているものがほとんどです。そのような磁石を鉄板で挟むと，磁石表面から出ていた磁力が鉄板の表面上には出ず，すべて鉄板の細い側面に向かいます。鉄板の細い側面に磁力が集中するため，何倍もの力で鉄をくっつけることができます。

　小学生が持っている箱形の筆箱で，磁石でくっつけるタイプの蓋になっているものや，家具などのガラス扉にもこの原理が利用されているので，家のどんなものに利用されているか探してみましょう。

♠ 製作手順（演示準備）

　持ち上げる物によって，フェライト磁石の数を増やす必要があります。ここでは，持ち上げるおもりにボウリングボールを使用します。

　磁石は円形でも四角形でもよいですが，磁石を挟む鉄板は四角い形がいいです。

① 　少し大きめの磁石でもなかなかボウリングボールは持ち上げられない。2枚の鉄板の間に磁石面の広いところを挟むようにくっつける。

② 　鉄製のおもりの平たい面の中心に，磁石を挟んだ鉄板を隙間なくくっつけると，おもりが持ち上がる。

♥ 演示例

❶ フェライト磁石を手に持ち「ここに磁石が あります。この磁石でここにあるおもり（厚い鉄板）を持ち上げてみたいと思います」と言い，おもり（厚い鉄板）に磁石をくっつけて持ち上げようとするが，持ち上がらない。

❷ 「しかし，磁石をこの小さな鉄板の間に挟むと…」と言いながら，磁石を鉄板に挟んで呪文をかけるような動作をし，磁石を挟んだ鉄板の細い部分をおもり（厚い鉄板）にくっつける。

❸ 「このように，力の強い磁石になりました」と言って持ち上げる。

　ボウリングボールなどの場合は，ボールをつるすことのできるフックつきの鉄板を用意して行うとよいでしょう。

♣ 成功のポイント

　フェライト磁石は，単体ではおもりが持ち上げられないくらいの磁石を選びます。磁石を挟む鉄板は同じ大きさで，側面がまっすぐにカットされているものを選びます。おもりにくっつけるとき，バランスが悪いとすぐに磁石が外れてしまいます。また，磁石を挟んだ2枚の鉄板がずれていて片方しかちゃんとついていない場合も，持ち上げられません。しっかりバランスを取り密着させることが重要です。

　また，鉄板に磁石をくっつけるときは，同極を同じ鉄板にくっつけないと強い磁力をつくることができないので注意します。

応用 ➡

　ボウリングのボールのようにもっとスケールを大きくして，自分自身がぶら下がれるものをつくってみるのもよいでしょう。

26 止まる磁石の振り子

小学校3年　磁石の性質
高校物理　電気と磁気

現　象	揺れる振り子を手に触れることなく止める（電磁誘導）
時　間	単元導入時（5分），解説及び子供実験時（10分）
準備物	ネオジム磁石，プラスチック，銅板（またはアルミ板），糸，糸を下げる台

　磁石にくっつく金属として鉄は有名ですが，お金に使われている銅やアルミニウムは磁石にくっつきません。しかし，銅線のすぐ近くで磁石を素早く動かすと電気が発生し，磁界をつくります。その磁界は，磁石が動く方向を妨げるように働き，磁石の速度が速ければ速いほど強くなります。

　そこで，糸を長くした振り子の先にネオジム磁石をつけ，揺らしたときに触れない距離に銅板を置きます。磁石と銅の関係を利用して手を触れずに一瞬で揺れを止めてみせます。ネオジム磁石は最近100円ショップでも簡単に手に入るので，試してみましょう。

♠ 製作手順（演示準備）

①　ネオジム磁石にしっかりと糸を取りつけ，振り子をつくる。

②　振り子をつり下げる台の下に銅板を置き，その銅板から2 mmほどの隙間ができるように振り子を台につり下げる。

③　手で振り子を30°〜40°ほど持ち上げ，手を離す。

④　銅板の上で減速し停止する。

♥ 演示例

❶ 「ここに強力な磁石があります」と言って，ネオジム磁石を見せる。

❷ 「磁石にくっつかない物には何がありますか？」と問い，まずは鉄にくっつくことを確認してから，プラスチックや紙で確かめる。

❸ 銅板を見せて「銅は磁石にくっつくと思いますか？」と聞くと，くっつくと思っている子供もいると思うので，くっつかないことを試してみせる。

❹ 用意した振り子を持ってきて「ここに振り子を持ってきましたが，この振り子の下に磁石にくっつかない物を置いたら振り子の揺れはどうなると思いますか？」と問い，プラスチック（下敷きや定規）を下に置いて振り子を振らしてみせると，普通に振り子は揺れている。

❺ 次に銅板を下に置き，「先ほど磁石にくっつかなかった銅板でも試してみましょう」と言って振り子を振ると，振り子は銅板の上で止まってしまう。

不思議なくらいスーッと止まるので，子供は大変驚くでしょう。

♣ 成功のポイント

強力な磁石（ネオジム磁石）を使用することと，振り子と銅板の距離を限りなく近づけるのが，成功のカギです。アルミニウム板でもできますが，銅板と比べると少し止める力が弱いです。しかし，アルミニウムは定規などに使われるなど，銅より身近に商品があるので使用しやすいのが利点です。

応用 ➡

お金も銅（10円玉）やアルミニウム（1円玉）でできているのでそれらを並べることで，同じ実験ができます。また，1円玉は軽いので，1円玉を机の上に置き，ネオジム磁石をくっつけて素早く上に持ち上げるとくっついてこようとして浮き上がるところを見せることができます。

中学校2年　電流とその利用／電流と磁界

ゆっくり落ちる磁石

小学校3年　磁石の性質
高校物理　電気と磁気

現　象	銅パイプに入れた磁石がゆっくり落ちる（電磁誘導）
時　間	単元導入時（5分），解説及び子供実験時（10分）
準備物	ネオジム磁石，塩ビパイプ，銅パイプ

　銅やアルミニウムは磁石にくっつきませんが，銅線のすぐ近くで磁石を素早く動かすと電気が発生（誘導電流）し，磁界をつくります。その磁界は，磁石が動く方向を妨げるように働き，磁石の速度が速ければ速いほど強くなります。

　銅パイプにネオジム磁石を入れると誘導電流が発生し，それが磁石の動く方向を妨げるためゆっくりと落ちてきます。ネオジム磁石は最近100円ショップでも簡単に手に入るので，試してみましょう。

♠ **製作手順（演示準備）**

①　銅パイプとネオジム磁石を用意する。

　磁力が強ければ強いほど，銅パイプの中をゆっくり落ちてくるので，ネオジム磁石を10個ほど重ねるとよいでしょう。

②　左手に銅パイプを持ち，右手にネオジム磁石を持つ。

③　銅パイプの中にネオジム磁石を入れると，ゆっくり落ちてくる。

♥ 演示例

❶ 「ここに強力な磁石があります」と言って，ネオジム磁石を見せる。

❷ 塩ビパイプを持ってきて磁石にくっつかないことを確認してから，「この中に強力磁石を入れると…」と言って，ネオジム磁石を入れてみせる。磁石は普通に落下する速度でパイプの中を落ちます。

❸ 次に銅パイプを持ってくる。塩ビパイプと同様に磁石がパイプにくっつかないことを確認してから，「これも磁石にくっつかないパイプですが，私がおまじないをかけると…」とパイプにおまじないをかける仕草をする。

❹ 銅パイプの中にネオジム磁石を入れると「なかなか出てきませんねえ」と言ってゆっくりとパイプの下に手を伸ばし，落ちてくる磁石を受け止める。

♣ 成功のポイント

強力な磁石（ネオジム磁石）を使用すること。磁石が強力であればあるほどゆっくり落ちてきます。アルミパイプでも同様のことができますが，銅と比べると落ちてくるのが速いです。

応用 ➡

- -

家庭にある調理用のアルミホイルを十数回巻いた筒をつくり，実験をしてみてもうまくいくと思うので挑戦してみましょう。

28 落ちない水(1)

小学校4年　空気と水の性質
高校化学基礎　物質の構成

現　象	水入りのコップを逆さにしても，水がこぼれない（大気圧及び水の表面張力）
時　間	単元導入時（3分），解説及び子供実験時（10分）
準備物	プラスチック製のコップ，10cm四方の下敷き，穴開け用の針，洗面器（水受け用），水入れ

　水の入ったコップを逆さまにすると，水はこぼれてしまいます。しかし，下敷きなどで蓋をし，ひっくり返してゆっくり手を離すと水はこぼれません。大気圧によって下敷きが押されるため，下敷きも水も落ちないのです。しかし，コップを斜めにすると力のバランスが崩れて，水はこぼれてしまいます。
　うまくコップを加工することで，この現象をマジックのように見せる演出をしましょう。

♠ 製作手順（演示準備）

　水が落ちないだけの現象は，プラスチック製のコップと下敷きがあればどこでも演じられます。

① 　プラスチック製のコップを用意する。

② 　コップの横側面に，小さな穴を開ける（コップを逆さに持つとき，親指に当たる部分に穴を開ける）。

③ 　下敷きを10cm×10cmに切っておく。

④ 　右手の親指で穴を押さえて水を6～8割ほど入れ，下敷きで蓋をし，左手で押さえながらひっくり返す。

⑤ 　左手で下敷きを押さえた状態のとき，右手で逆さにしたコップが持ちやすいように持ち替える（このとき，再度親指でしっかり穴を押さえる）。

⑥ 　この状態で蓋から手を離しても水はこぼれないが，穴をふさいでいた親指を外すと下敷きごと水がこぼれる。

♥ 演示例

❶　右手の親指でコップの穴を押さえな
がら，コップに水を入れる。

❷　下敷きで蓋をし，左手で押さえなが
らひっくり返す。

❸　「コップの蓋から手を離すと水はど
うなると思いますか？」「こぼれる？」
「こぼれない？」と問う。

❹　ゆっくり蓋から左手を離す。水はこ
ぼれない。

❺　次に，「私がこのパワーをとくと…
3，2，1，ハイ！」と言いながら穴をふさいでいた親指を外す。「この
ように，こぼれてしまいます」と言い，洗面器に水をこぼす。

♣ 成功のポイント

　空気が漏れないように，ある程度穴を強く押さえなければならないので，
コップは固めのプラスチックにした方がよいでしょう。最初の下敷きが落ち
ないのは，意外と知っている子供が多いと思いますが，演示者の合図で水を
こぼす演出をすると，マジックのようです。

応用➡

　穴を開けていないガラスコップなどで，水をあふれるほどいっぱいに入れて蓋
をしてひっくり返すと，蓋にフックなどつけていれば，意外と重いものを持ち上
げられます。コップの口の大きさで持ち上げられる重さが変わるので，いろいろ
試してみてください。

29 落ちない水(2)

小学校4年　空気と水の性質
高校化学基礎　物質の構成

現象	水入りのコップを逆にしても，水がこぼれない（大気圧及び水の表面張力）
時間	単元導入時（3分），解説及び子供実験時（10分）
準備物	コップ，網じゃくし，洗面器（水受け用），水入れ

　水の入ったコップを逆さまにすると，水はこぼれてしまいます。同様に，水の入ったコップに網じゃくしで蓋をしても，当然傾ければ水はこぼれてしまいます。しかし，コップの口に当てた網じゃくしを手の平で覆うようにして蓋をし，ひっくり返してゆっくり手を離すと水はこぼれません。編み目に水の表面張力が働くため，コップに蓋をしているようになり，大気の力で下から押さえられるために水は落ちないのです。ここでコップを斜めにすると力のバランスが崩れて，水はこぼれてしまいます。

　醤油差しの口の反対側にある穴を指でふさいで傾けても，醤油は口から出てきません。容器内の圧力が，外気より小さいからです。口以外から空気を入れないと醤油が外に出てこないのと同じ原理です。

♠ 製作手順（演示準備）

① コップと網じゃくしを用意すれば，どこでも演じることができる。

　多少水がこぼれるので，演じるときは洗面器などの上で行います。

② コップに水を入れ，コップの口に網じゃくしを被せる。

③ 網じゃくしごとコップの口を押さえ，引っ繰り返す。

④ 網じゃくしの枝を持って，コップの口を押さえている手をゆっくりと離す。

♥ 演示例

❶ コップに水を入れる。

❷ 網じゃくしを取り出し、「これで水をすくうことはできますか？」と問い、洗面器の中の水をすくってみせる（水がすくえないことを確認する）。

❸ 「これでコップの蓋にすることはできますか？」と問う。

「できない」という子供が多いですが、「できる」という子供がいた場合は、一度網じゃくしだけで蓋をし、コップを傾けて水がこぼれるところを見せます。

❹ 「しかし、こうすると…」と言いながら、コップの口に当てた網じゃくしを左手の平で覆うようにして蓋をし、ひっくり返して右手で網じゃくしの枝を持ってゆっくり左手を離す。水はこぼれない。

❺ 次に「コップを傾けると…」と言いながら網じゃくしと一緒に少しだけコップを傾ける。「こぼれてしまいます」と言い、洗面器に水をこぼす。

♣ 成功のポイント

コップに網じゃくしを被せ、それを覆うようにして左手で蓋をしてひっくり返したとき、コップの口がしっかり水平になっていないと水はこぼれてしまうので気をつけます。ほとんどの子供は、網が水を留めておけないものだと思っているので、マジックのように見えます。

応用➡
- -
網じゃくしの編み目が大きければ、水がこぼれない状態で持っているときに、編み目からコップの中に爪楊枝を入れても大丈夫です。コップの中に爪楊枝が浮かんでゆく様子が、不思議さを倍増させます。

中学校2年　化学変化と原子・分子／物質の成り立ち

落ちない水⑶

30

小学校4年　空気と水の性質
高校化学基礎　物質の構成

現象	コップを逆さにし，蓋を取っても水がこぼれない（大気圧及び水の表面張力）
時間	単元導入時（3分），解説及び子供実験時（10分）
準備物	透明なコップ（プラスチックまたはガラスコップ），水切り網，10cm四方の厚紙または下敷き，水に強い接着剤，輪ゴム，ハサミ，洗面器（水受け用），水入れ

　水の入ったコップに蓋をして逆さまにすると，水の表面張力によって厚紙が吸いつき，上部に空気が閉じこめられます。水の重みで中の空気は引っ張られているため，外の気圧（圧力）より少し小さくなることで，蓋を下から押す大気の力が働き水は落ちてきません。

　次に蓋を取っても，コップに水切り網を貼りつけておけば，編み目に表面張力が働くため，コップに蓋をしているのと同じ状態になり水は落ちてきません。しかし，コップを斜めにすると，力のバランスが崩れて水がこぼれてしまいます。

　子供は，水の入ったコップに蓋をして逆さにしても水がこぼれないことを既習知識としてもっている場合が多いですが，逆さにしたコップの蓋を取ると水がこぼれることが当たり前のことだと思っているので，不思議さが倍増します。

♠ **製作手順（演示準備）**

① コップの縁に水に強い接着剤で水切り網をピンと引っ張って貼りつける。
　輪ゴムで止めて1日置きます。
② 接着剤が乾いた後，コップの縁に合わせて網を切り取り完成。

♣ 演示例

❶ 網を張ったコップに水を入れる。

❷ 厚紙（または下敷き）で蓋をし，その
コップの蓋を押さえながら洗面器の上で
逆さまにする。

❸ ここで，「コップの蓋を押さえている
手を離すと，水はどうなると思います
か？」または「こぼれる？　こぼれな
い？」と問いかける。

❹ 子供の様子をうかがってから，蓋から
手を離す。水はこぼれない。

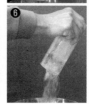

❺ 「この蓋を取ったらコップの中の水はどうなると思いますか？」と問う。
子供の様子をうかがってから，蓋を横にスライドさせるように取る。水は
こぼれない。「私のパワーで水はこぼれません」と言う。

❻ 子供が驚いている様子をうかがってから「でも中に水が入っているので，
私がパワーを解くとこのように…」と言いながらコップを傾け「こぼれて
しまいます」と言い，洗面器に水をこぼす。

♣ 成功のポイント

使用する網は，流し台用の三角コーナーなどに被せる水切り網がいいです。
ストッキングは避けましょう。また，コップに塗った接着剤が多すぎると，
乾いた後コップの縁が凸凹になり，密閉が悪くうまくいかなくなります。

応用 ➡

- -

プラスチックの固めのコップを使用し，底側面に 2 mm ほどの穴を開けてそ
の穴を指でふさぐようにして演示すれば，コップを傾けなくても，穴をふさいだ
指を離すことで水を落とすことができるので，不思議な演出が可能になります。

中学校2年　化学変化と原子・分子／物質の成り立ち

落ちない水(4)

31

小学校4年　空気と水の性質
高校化学基礎　物質の構成

現　象	コップに入れた水を，一瞬で固めてこぼさない（高分子吸収体）
時　間	単元導入時（5分），解説及び子供実験時（10分）
準備物	紙オムツ，新聞紙，紙コップ，水（ミネラルウォーター）

　子どもをもつ主婦の方の中には，紙オムツを洗濯機に入れてしまい大変なことになったという経験があるのではないでしょうか。紙オムツの中には，オシッコ（水）を吸収し固めてしまう高分子吸収体という物質が入っています。紙オムツ1枚で約1Lの水を吸収し固めることができます。高分子吸収体は水を含むと膨れ上がり，大きくなります。

　紙コップのような外から中が見えないコップに，この高分子吸収体を入れておけば，一瞬で水を固め，落ちない水のマジックができます。

♠ 製作手順（演示準備）

① 新聞紙を1枚大きく広げ，用意した紙オムツを破いて中の粉（高分子吸収体）を出す。

うまく取り出せば，3〜4回分のマジックに使用できます。

② 紙コップの容量の1〜2割程度，紙オムツから取り出した高分子吸収体を入れる。

③ 水をコップの5〜6割程度入れ，おまじないをかけるようにしてからひっくり返すと，高分子吸収体に水が吸われて固まり，こぼれない。

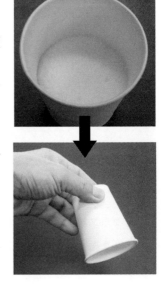

♥ 演示例

❶ ミネラルウォーターと紙コップを机の上に用意して，「のどが渇いたので水でも飲むか」というような仕草で，ミネラルウォーターのキャップを開けて紙コップに注ぎ込む。

❷ 紙コップを持ち，子供に話しかけるように前に出ていくときにつまずいたフリをして，持っていたコップを子供に向かって水をかけるように転ぶマネをする。

❸ 子供はびっくりして避けると思うが，水はこぼれない。

次のような演示方法もあります。

❶ ミネラルウォーターと紙コップを机の上に用意して，「よく見ていてください」と言って，ミネラルウォーターのキャップを開けて紙コップに注ぎ込むのを子供にしっかり見せる。

❷ 「これからこのコップに入れた水を，消してご覧に入れましょう」と言い，簡単におまじないをかけてから，サッと紙コップをひっくり返す。

子供の頭の上でコップをひっくり返しても面白いでしょう。

♣ 成功のポイント

紙コップは中身が見えないものを使用しますが，種明かしをするときは，透明なプラスチックコップで見せるとよいでしょう。コップに粉を入れるときは，なるべく多めに入れた方が確実です。また，粉が少ないとき，水を入れすぎると固まりづらくこぼれ出る場合があるので，水の量が多くなりすぎないように注意しましょう。

応用➡

紙コップに注ぐ液体（水）に赤などの色をつけておくと，水が入っているのが確認できるのでよいでしょう。また，大きめのビンに粉を入れ，たっぷりの水を吸い取らせて，そこに観賞用植物の種をまき栽培するのもよいでしょう。

32 浮かぶ1円玉

小学校4年　空気と水の性質
高校化学基礎　物質の構成

現象	水の上に1円玉をいくつも簡単に浮かせる（表面張力）
時間	単元導入時（5分），解説及び子供実験時（10分）
準備物	1円玉，洗面器，ティッシュペーパー，箸

1円玉は金属（アルミニウム）でできているので，水に浮かべることはできないと思っている人が多いと思いますが，実は簡単に浮かせることができるのです。1円玉を直接水に浮かせることもできますが，少しテクニックが必要です。とても簡単な方法で洗面器いっぱいに1円玉を浮かせてびっくりさせましょう。

♠ 製作手順（演示準備）

① 洗面器の内側を一度きれいに洗って，しっかり汚れや石けんを落とす。

② 洗面器に3分の2くらい水を入れ，1円玉を用意する。

③ 洗面器に入れた水の表面にティッシュペーパーを浮かべる。

④ その上に1円玉を並べて置いていく。

⑤ いっぱいに並べたら，箸などを使って1円玉に触れないようにティッシュペーパーを洗面器の底に沈めると，1円玉が全部くっついた状態で洗面器の真ん中に浮いている。

♥ 演示例

❶ 1円玉を見せて「1円玉は何でできているかわかりますか？」と問う。

❷ 金属でできていることは知っていると思うので，「このお金を水に浮かべることができると思いますか？」と尋ねる。

　1円玉が水に浮くのを見たことのある子供は少ないと思うので，否定的な回答が多いです。1円玉を縦に入れて沈むのを見せるのもよいでしょう。

❸ 10数枚の1円玉を見せて「全部水の上に浮かべてみせましょう」と言い，洗面器にティッシュペーパーを浮かべてその上に1円玉を並べていく。

❹ 1円玉を全部置いたら，箸を使ってティッシュペーパーを沈めて水の中から取り除くと，きれいに真ん中に集まって浮いている。

♣ 成功のポイント

　ティッシュペーパーを入れなくても1円玉を親指と人差し指で水面と平行に持ち，水面ギリギリまで持ってきて離すと，意外と簡単に浮かせることができます。ティッシュペーパーを使うときは，水に入れたら素早く1円玉を並べていくのがコツです。1円玉は離れたところに浮かべていても表面張力によって真ん中に集まってきます。

応用 ➡

　とても細い針金で4足のアメンボを製作し，上記のようにして水面に浮かべ，洗剤や油を入れて沈んでしまうのを見せると，環境問題の話へと発展できます。

❶ 「これは水の表面張力で浮いています。しかし，きれいな水でないとこのように浮かべることはできません」と言って，台所用洗剤を1滴洗面器の中に入れると，洗剤を入れたところから次々と1円玉が沈んでいく。

❷ 「このようにきれいな川や池を汚すと，アメンボたちがみんな沈んでしまうので，洗剤を流したり油を流したりして汚さないようにしましょう」と言って締めくくる。

33 シャボン玉を持つ

小学校4年　空気と水の性質
高校化学基礎　物質の構成

現　象	シャボン玉を手袋の上で弾ませる（表面張力）
時　間	単元導入時（5分），解説及び子供実験時（10分）
準備物	乾いた毛糸の手袋または軍手，洗濯糊（PVA）または砂糖，洗剤，ストロー

　シャボン玉を手で触ろうとすると，すぐに割れてしまいます。しかし，少し割れにくいシャボン玉液をつくり，それでこぶし大に膨らませたシャボン玉をつくれば，手袋の上で割らずに持つことができます。

　しっかり乾いた靴下やズボンで，リフティングをすることもできますし，相手がいればパスをしたりして遊ぶこともできます。

♠ 製作手順（演示準備）

① 洗剤に洗濯糊（PVA）または砂糖を入れて，割れにくいシャボン液をつくる。

　細かい設定はないですが，

　洗剤：洗濯糊：水の割合＝1：3：10

くらいです。

② ストローの先に1cmほど切り込みを入れてたこ足のように開き，大きなシャボン玉がつくれるようにする。

③ 左手に乾いた毛糸の手袋または軍手をはめ，右手でストローを持ってシャボン玉を膨らませる。

　なるべく大きく膨らませます。

④ 落ちてきたシャボン玉を左手ですくうように持つ。

♥ 演示例

❶ シャボン玉を吹き，「このように手でシャボン玉を持とうとすると…」
と言ってシャボン玉をすくうようにする。
「割れてしまいますね」と言います。

❷ 「皆さんは，シャボン玉を自由に持って遊ん
でみたいと思いませんか？」と言い，左手に手
袋をはめる。

❸ シャボン玉を膨らませ，落ちてきたシャボン
玉を左手でそっと持ち上げる。

❹ ポンポンと２，３度手の上で弾ませてから前の子供にパスしてみると，
持とうとした子供の手の上でシャボン玉は割れてしまう。

❺ 「みんなでやってみよう」と言って手袋を配り，遊ぶ。

♣ 成功のポイント

　手袋が少しでも濡れていると，すぐに割れてしまいます。また，速いスピ
ードで手をシャボン玉に近づけても割れてしまうので，優しくゆっくり持ち
ましょう。

応用 ➡
- -
　乾いた布であれば，だいたいの物がシャボン玉を弾いてくれるので，靴下やズ
ボンを使ってサッカーのようにリフティングをやるのもいいでしょう。また，乾
いたタオルを２人で広げて持って，とても大きく膨らませたシャボン玉を弾き返
すゲームなども楽しいですよ。
　１列に並んで，どのチームが速く後ろの人にシャボン玉を割らずに渡せるかを
競うのもいいでしょう。

中学校2年　化学変化と原子・分子／物質の成り立ち

34 白いシャボン玉が転がるシーツ

小学校4年　空気と水の性質
高校化学基礎　物質の構成

現　象	シャボン玉をシーツの上に転がらせる（気体の性質）
時　間	単元導入時（5分），解説及び子供実験時（10分）
準備物	お湯，ビーカー，ドライアイス，ロート，チューブ，洗剤，洗濯糊（PVA）または砂糖，シーツ

　シャボン玉の中に煙を入れると，真っ白いとてもきれいなシャボン玉ができます。石けん水の中にドライアイスを入れると，ブクブクと白いシャボン玉がたくさんでき，そのシャボン玉を指で割ると，白い煙が出てきてとても幻想的です。また，割れにくいシャボン玉をつくれば，乾いた毛糸の手袋や軍手でシャボン玉を持つこともできます（p.76参照）。布の上を転がすこともできるので，ドライアイスの煙を使って白いシャボン玉をシーツの滑り台から滑らせてみましょう。

♠ 製作手順（演示準備）

① 洗剤に洗濯糊（PVA）または砂糖を入れて，割れにくいシャボン液をつくる。

　細かい設定はないですが，

　洗剤：洗濯糊：水の割合＝1：3：10

くらいです。

② 机または台の前にシーツを斜めにした状態で張る（イメージはシャボン玉の滑り台）。

③ ロートにチューブ（50～60cm）を取りつける。

④ ビーカーにお湯を入れ，細かくしたドライアイスを入れる。

⑤ チューブの先にシャボン液をつけ，白い煙の出ているビーカーにロートで蓋をすると，チューブの先から白いシャボン玉が出てくる。

⑥ 出てきたシャボン玉をシーツの滑り台から転がす。

♥ 演示例

❶ シャボン液を用意し「口でシャボン玉を吹くと透明ですが…」と言い,シャボン玉をゆっくり吹いて大きめのシャボン玉を見せる。

❷ 「これから真っ白いシャボン玉をつくってみせましょう」「そして,この黒いシーツの上を転がしてみせましょう」と言って,ビーカーにお湯を入れてきて,ドライアイスを入れる用意をする。

❸ ビーカーにドライアイスを入れ,チューブの先にシャボン液をつけてからロートの部分をドライアイスによって煙（水蒸気）が出ているビーカーに入れると,チューブの先から白いシャボン玉が出てくる。

❹ 出てきたシャボン玉を,シーツの滑り台から転がしてみせる。

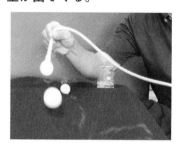

間近で見てもらうと面白いです。滑り落ちてきたシャボン玉をすくうと,割れて白い煙（水蒸気）になるのでより面白いでしょう。

♣ 成功のポイント

割れにくいシャボン液をつくることと,滑り台に使用する布は厚手のものを使用するのがいいです。シャボン玉を見やすくするために,黒いシーツを用意するとよいでしょう。また,ただの水にドライアイスを入れても煙は出ますが,お湯の中にドライアイスを入れると激しく煙が出るので,お湯を使用すると多くのシャボン玉が出てきます。

ちなみに,ドライアイスをお湯に入れると出てくる白い煙を水蒸気と書きましたが,飽和水蒸気状態にできる空の雲と同じ水の湯気のことです。

応用 ➡
- -

タバコを使用すると,簡単に白いシャボン玉を見せることができます。煙が気になるなら,電子タバコのニコチンがないものを使用するとよいでしょう。

中学校2年　化学変化と原子・分子／化学変化

レモンで風船割り

小学校6年　水溶液の性質
高校化学基礎　物質の変化とその利用

現　象	レモンの皮の汁を風船にかけて割る（物質を溶かす）
時　間	単元導入時（5分），解説及び子供実験時（10分）
準備物	風船，レモン（グレープフルーツまたはミカン）

　レモンやグレープフルーツの皮には，リモネンという物質が含まれています。リモネンは，発泡スチロールやゴムなどを溶かしてしまう性質をもっています。

　レモンの皮の汁をたくさん集めておけば，風船を割ったり，発泡スチロールを溶かしたりして，面白いマジックや実験ができます。

♠ 製作手順（演示準備）

①　風船をパンパンに膨らませる。

②　その上にレモンの皮を持っていき，折り曲げるようにして皮の汁を風船にかける。

③　大きな音とともに風船が割れてしまう。

❤ 演示例

❶ 「ここに風船を用意しました」と言い，風船を大きく膨らませる。

❷ 「当然針で刺すと割れてしまいますが…，見えない力で風船を割ってみせましょう」と言って，風船を子供に持たせる。

❸ レモンの皮を取り出し，風船の上で折り曲げるようにして，皮の汁を風船に向かって飛ばす。

遠くにいる子供には皮から液が飛んでいるようには見えませんが，別に見えてもかまいません。

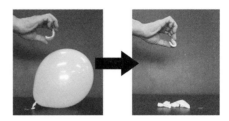

❹ 「バーン！」という音とともに，風船が割れてしまう。

♣ 成功のポイント

とにかく風船をパンパンに膨らませることが大事です。膨らみが弱いと，かなり時間がかかってしまいます。

応用 ➡

レモンやグレープフルーツ，ミカンの皮から出る液を頑張ってたくさん集めれば，布にしみこませておき，その上に風船を置くことで割ることができます。その場合，風船の膨らみを調整すれば，時間差で割ることができるので挑戦してみましょう。

大きさの違う風船を用意し，大きい風船の中に小さい風船を入れて膨らませて（風船を二重に膨らませる），その上に皮の汁をかけると，割れたと同時に中の風船が出てきて，一瞬で風船の色が変わったように見えます。このとき，内側の風船と外側の風船との間に空気を入れて隙間をつくるのが大事です。

36 色の変わるウーロン茶

小学校6年　水溶液の性質
高校化学基礎　物質の変化とその利用

現象	ウーロン茶に魔法の液体を入れると色が変わる（化学変化）
時間	単元導入時（5分），解説及び子供実験時（10分）
準備物	イソジン（うがい薬），ビタミンC入りドリンク，プラコップ2個

　風邪を引いたときに病院から処方されるうがい薬は，イソジンという薬品がほとんどです。イソジンは，ビタミンCで化学反応を起こし，透明になります。イソジンを水に入れると，濃いウーロン茶のように見えますが，その中にビタミンC入りドリンクを入れると，たちまち透明に変化するのです。

　この反応を利用して，簡単なマジックをやりましょう。

♠ **製作手順（演示準備）**

①　プラコップに水を入れ，その中にイソジンを入れる。

　市販のウーロン茶と同じくらいの色にするとよいでしょう。

②　別のコップにビタミンC入りドリンクを入れておく。

③　イソジン入りのコップに，ビタミンC入りドリンクを注ぐと透明な水のようになる。

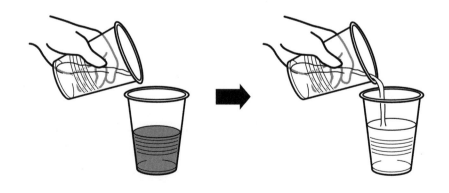

♥ 演示例

❶ 「こちらにウーロン茶を用意しました」と言い，イソジン入りのコップを見せる。

❷ 「そしてもう一つ，こちらに不思議な液体を用意しました」と言って，ビタミンC入りドリンクの入ったコップを見せる。

❸ 「この不思議な液体の入ったコップの液体を，ウーロン茶の入っているコップに入れるとどうなると思いますか？」と問う。

❹ ゆっくりイソジン入りのコップに，ビタミンC入りドリンクを入れる。

❺ 「みるみる透明になりました」と言って演示を終える。

【種明かし】

❻ 「実は，この不思議な液体はビタミンC入りドリンクでした」と言い，本当に身体に無害な飲み物であることをアピールするために飲んでみせる。

❼ 透明になったコップの臭いを子供に嗅がせて，何だったのかを問う。「うがい薬の臭いがする」という答えが出たら，「こちらのウーロン茶と言っていた液体は，うがい薬でした」と種を明かす。

♣ 成功のポイント

イソジンを入れるコップに水を多く入れすぎると，化学反応が起こる量のビタミンC入りドリンクが入れられなくなり透明にならない場合があるので，水の量はコップの半分程度にしておきましょう。イソジンの入れすぎにも注意しましょう。

応用➡

イソジン入りの水がビタミンC入りドリンクで透明になるので，いろいろなインクを使って，最初から色をつけた液体にイソジンを入れておきましょう。そうすれば，イソジンはビタミンCで透明になるわけですから，ドリンク一つでいろいろな色の液体へと変化させるきれいなマジックができますよ。

一瞬でお湯を沸かす

小学校6年　水溶液の性質
高校化学基礎　物質の変化とその利用

現　象	ヤカンの水を一瞬で沸騰させる（酸化熱）
時　間	単元導入時（5分），解説及び子供実験時（10分）
準備物	ヤカン，発熱剤（モーリアンヒートパック），水

　　キャンプや登山グッズには，雨の日などで火が起こせず料理ができないときに使用する発熱剤（モーリアンヒートパック）があります。これを200〜300mlの水を入れたビニールに入れると，一瞬（3〜4秒）で水を沸騰させます。その水を飲むことはできませんが，その中にレトルト食品を袋ごとまたは缶ごと入れて暖めて調理するという商品です。

　　使い捨てカイロと同じ原理でできていて，アルミニウムが酸素と結びつくときに出る熱（酸化熱）を利用しています。それを利用すると超能力のような，一瞬で水を沸騰させるサイエンスマジックを見せることができます。

♠ 製作手順（演示準備）

① 　ヤカンとペットボトルの水を用意する。
　　水はミネラルウォーターでもいいです。

② 　ヤカンに400mlほどの水を入れてから，
　　発熱剤の袋を破りお茶パックに見立てて，
　　ヤカンの中に入れる。

③ 　素早くヤカンに蓋をして，ヤカンに念
　　力を込めるような仕草をする。

④ 　音の出るヤカンだと，3〜4秒ほどで「ピー！」と音を立てて沸騰していることを示す。

⑤ 　ヤカンの蓋を取って大量の湯気を見せ，本当に沸騰しているところを見せる。

♣ 演示例

❶　ヤカンを持ってきて蓋を取り,「このヤカンは普通のヤカンです。中には何も入っていません」と言って,前にいる子供に中に何も入っていないことを確かめてもらう。

❷　ヤカンに400ml ほどの水を入れてから,「温かいお茶でも飲みたいですね」と言い,発熱剤の袋を破り「ここにお茶のパックを用意しました」と,発熱剤をお茶パックに見立ててヤカンの中に入れる。

❸　素早くヤカンに蓋をして,ヤカンに念力を込めるような仕草をする。

❹　音の出るヤカンであれば,3〜4秒ほどで「ピー!」という音を立てて沸騰していることを示す。

❺　ヤカンの蓋を取って大量の湯気を見せ,本当に沸騰しているところを見せる。
本当に熱いので気をつけます。

♣ 成功のポイント

　　発熱剤のパックは,お茶が入っている袋には見えないので,パックの表にお茶の銘柄のコピーを貼っておくとそれらしく見えます。また,室温の水より明らかに冷たい水であるとわかるものを使用すると,不思議さが増します(冷たい水でも一瞬で沸騰します)。

応用 ➡

- -

　　発熱剤は,その表面付近でものすごい熱を出します。それを利用して,半分以上水を入れたヤカンの水の中に発熱剤を乗せる低い台を置き,台の上で沸騰させると,水は発熱剤の周りだけ沸騰し下の方は冷たいままになります。そこでヤカンを手の平で持つと,沸騰したヤカンを素手で持っているかのように見せる演出もできます。

教訓コップ

小学校4年　天気の様子
高校物理基礎　物体の運動とエネルギー

現　象	欲張って水をたくさん入れると，全部こぼれる（大気圧）
時　間	単元導入時（3分），解説及び子供実験時（10分）
準備物	プラコップまたは紙コップ，曲がるストロー（∅6mm），ハサミ，輪ゴム，キリ

　家にある様式の水洗トイレは，ほとんどがこのサイフォン式のトイレになっています。この教訓コップもサイフォンの原理が使われています。

　コップの中の曲げられたストローの部分が，水面より上にあれば（a）水はこぼれません。しかしストローが水面の下になり，ストローの中が水で満たされると（b）水面上部の大気圧によってストローから水が押し出されます。

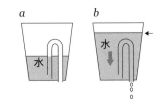

　ストローの水が出てくる側が，水面よりも下にあることが条件で，堅いホースを使用すれば約10mの高さまで伸ばすことができます。

♠ 製作手順（演示準備）

① ストローのじゃばらの部分を伸ばし，両側を斜めにカットする。

② じゃばらの部分を曲げて，輪ゴムをかけて固定する。

③ プラコップの底にキリなどで穴を開け，コップの内側からストローを無理矢理差し込む。

④ コップの底から出ているストローを5mmほど残してカットする。

♥ 演示例

❶ 「こちらに不思議なコップを用意しました。底に穴が開いていますが…」
と言って，中のストローの頭が出るくらい水を入れる。

❷ 「こぼれませんね。しかし，欲張ってたくさん入れると…」と言い，中
のストローが水面下になるくらいの水を入れる。すると，コップの下の穴
から水がこぼれ始める。

❸ 「たくさん入れるとこぼれ始めましたね。実はこれは，欲張って入れる
と全部なくなってしまうコップなんです」と言って，全部水が出てしまう
のを見せる。

❹ 中の水が全部なくなったら，もう一度水を半分くらい入れて「しかし，
欲張らなければこぼれませんね」と締めくくる。

♣ 成功のポイント

コップの側面に，ストローの高さ（曲がった部分）の印を入れておくとわ
かりやすくなります。プラスチック製レジャーコップの底にストローを通す
とき，穴が割けてしまうこともあるので穴の大きさには注意します。プラス
チック製の場合は，釘などを火で暖めて溶かして穴を開けるとよいでしょう。
紙コップは比較的つくりやすいですが，入れた水の量が外からわからないの
が欠点です。

応用 ➡

水の入ったバケツや水槽を使用して，ストローの代わりにホースを使うこと で
中の水をこぼすことができます。ホースの中を水で満たした状態で片方の口を押
さえ，バケツまたは水槽の水面より低い位置までそのホースの口を持ってきて口
を開放すると水が出始めます。水槽の水替えを行うときに便利な方法なので試し
てみてください。

39 大型吸盤

小学校4年　天気の様子
高校物理基礎　物体の運動とエネルギー

現　象	ゴム板の吸盤で机を持ち上げる（大気圧）
時　間	単元導入時（2分），解説及び子供実験時（10分）
準備物	机，ゴム板（厚さ3mm），カッターナイフ，鍋の蓋の換え（鍋つまみ），千枚通し

　大気圧を利用した現象です。地上での1気圧という大気圧は，面積1cm^2（小指のつめほどの面積）当たり1kgの力がかかる空気の圧力です。

　吸盤を上から押して中の空気を押し出すと，吸盤の上面を大気が押してくれるのでくっついたようになり，簡単に取ることができなくなります。表面積を計算すると，どれくらいの重さまで持ち上げることができるのかを知ることができます。

　理論上は，20cm×20cmの面積で，400kgまで持ち上げられることになりますが，密閉率と鍋つまみの強度を考えると，そこまでは持ち上げられません。

　身近で売られている吸盤も同じ原理です。最近では面積が大きく密閉性を高くして，かなり重い物まで提げられる吸盤が発売されています。

♠ 製作手順（演示準備）

① ゴム板を20cm×20cmにカットする。

② 真ん中に千枚通しで穴を開け，そこに鍋つまみを取りつける。

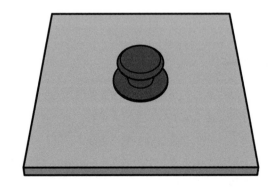

♥ 演示例

❶ 表面がつるつるしている机を用意し，ゴム板を子供に見せながら「これ
は，ただのゴム板ですが…」と言い，机の上に置く。

❷ 鍋つまみを持って上に引き上げ，机を持ち上げながら「このようにすご
い力を発揮するゴム板なんです」と言う。

❸ 机を下ろしてから「ボンドでくっついているわけではありませんから
…」と言って，ゴム板の角を少しめくって空気を入れて吸盤を取り，「こ
のように簡単に取れてしまいます」と吸盤を上に上げてみせる。

♣ 成功のポイント

机は片手で持ち上げられる重さで，表面に傷のないものを選ぶようにしま
す。少しでもゴミやほこりがついていると，隙間から空気が入りやすくなり
失敗につながるので注意します。

応用 ➡
- -
下敷きにボンドで取っ手をつけたものを2つ用意して，その下敷きを両手に持
ち，机に置いて，その机を持ち上げるのもインパクトがあります。

数秒しか持ち上げられないので注意しましょう。

40 どこでも吸盤

小学校４年　天気の様子
高校物理基礎　物体の運動とエネルギー

現　象	ジュース缶にはめるとどこでもくっつく（大気圧）
時　間	単元導入時（３分），解説及び子供実験時（10分）
準備物	ジュース缶またはペットボトル，シリコン製の薄い板，カッターナイフ，お盆

　缶に被せたシリコンは，缶との間が密閉されていて空気が漏れません。したがって，大きめの吸盤のようになり，大気圧によってシリコン部分が押されるためつるつるした面ならどこでもくっつけることができます。

　ジュース缶と一緒に吸盤を取るときは，シリコンの端を少しめくって空気を入れてやればすぐ取ることができます。

♠ 製作手順（演示準備）

①　シリコン製の薄い板から正方形または直径12〜15cmの円を切り取り，その中央に直径５cmほどの穴を開ける。

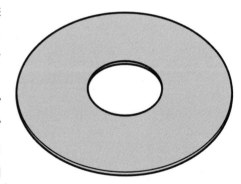

　薄い板の代わりに100円ショップで売られているシリコン製のラップ蓋を使用することもできます。その場合は，真ん中のつまみの部分の円に沿って切り取ります。

②　中央の穴の部分をジュース缶の上から無理矢理はめ込み，缶の下まで下げていく。

③　シリコン板が缶のスカートのようになり，シリコン円の端全面がテーブルにくっつけば，準備完了。

♥ 演示例

❶ 穴の空いたシリコン板を見せ，お盆の上にある未開封のジュース缶にはめる。

❷ ジュース缶を手に持ちみんなに見せた後，お盆の上に置いてお盆を持ち上げ，「あっ」と声を上げておもむろにお盆をひっくり返す。

❸ 「落ちませんね」と言って，お盆から落ちないのを確認したら，お盆をもとに戻し，シリコン板の端をめくってジュース缶を手に取り「こんなに簡単に取れるのにね」と言って，ジュース缶が簡単に取れることをアピールする。

❹ 再びお盆の上にジュース缶を置き「それではもう一度」と言い，またお盆を立てた（横にした）状態で持ち，缶をくっつけたまま歩き去っていく。

♣ 成功のポイント

シリコン板の端がお盆にしっかりついていないと，空気が入りくっつきません。

また，ペットボトルを使用する場合，底が凸凹しているものは隙間ができやすいので，この実験に向いていません。炭酸系よりお茶系がよいですが，底に近い部分に縦模様があるものは空気が入りやすく失敗しやすいのでやめましょう。

応用➡
- -

お盆にくっつけたジュース缶をひっくり返すのではなく，逆にジュース缶をつかみ，お盆を持ち上げるのも効果的です。ガラス窓の垂直面を利用してくっつけるのもいいでしょう。

ダイバースーツの生地があれば，シリコンと同様に作製できます。

41 下敷き吸盤

小学校４年　天気の様子
高校物理基礎　物体の運動とエネルギー

現　象	下敷きを引っ張っても簡単に取れない（大気圧）
時　間	単元導入時（5分），解説及び子供実験時（10分）
準備物	プラスチック製の下敷き2枚（大きい方がいい），ガムテープ

　表面がつるつるしている机に置かれた下敷きの真ん中に，取っ手のようにガムテープを貼り，一気に持ち上げようとしてもなかなか持ち上げることができません。

　これは下敷きと机の間の空気がないために，外の気圧（圧力）より押さえつけられてしまって持ち上げることができないのです。大きな吸盤と同じ原理です。

♠ 製作手順（演示準備）

① 　プラスチック製の下敷きを，つるつるした机の上に置く。

　下敷きでも十分大きな吸盤になります。

② 　下敷きの真ん中に，ガムテープで取っ手をつける。またはボンドで丈夫な取っ手をつける。

　机の上にほこりなどが多くあると，下敷きと机の間に隙間ができて持ち上げられなくなるので，きれいに拭き取ることが大事です。下敷きも同様に，しっかり汚れを落としておきましょう。

♣ 演示例

❶ 「こちらに，下敷きにガムテープで取っ手をつけたものを用意しました」
と言い，2つの下敷きを見せる。

❷ 「これで，机が持ち上げられると思いますか？」と問い，子供用の机の
上に下敷きを2枚置く。

❸ 取っ手を引っ張り上げて，机を持ち上げてみせる。
長い時間持ち上げることはできないので注意します。

❹ 「このように，下敷きに取っ
手をつけるだけで，吸盤と同じ
ことができるようになります」

❺ 「こんなに重い引き出しも，
下敷きでこのように開けること
ができます」と言い，重い引き
出しを開けてみせる。

♣ 成功のポイント

重い物を持つためには，ガムテープがしっかりと下敷きについていないと
いけないので，かなり頑丈にくっつけておく必要があります。できればボン
ドなどを使って，丈夫な取っ手をつけることをオススメします。

応用 ➡

水を縁までいっぱいに入れたコップに，下敷き吸盤で蓋をするようにして上に
置き，まっすぐ上に持ち上げると，そのコップに水が入ったまま持ち上げること
ができるので試してみましょう。

42 重い新聞

小学校4年　天気の様子
高校物理基礎　物体の運動とエネルギー

現　象	新聞紙1枚で割り箸を押さえ，それを手刀で折る（大気圧）
時　間	単元導入時（5分），解説及び子供実験時（10分）
準備物	割り箸，新聞紙，物差し

　机の上に置いた紙にも，吸盤と同様に大気の力がかかっています。そのため紙の真ん中にテープなどでつまみをつけてみると，薄い紙でもサッと取り上げることができません。

　これは紙全体に大気圧がかかっていて，紙と机の間の隙間が小さいほど，周りの空気が入りにくく，外の気圧（圧力）より押さえつけられてしまって持ち上げることができないのです。大きな吸盤と同じような状態になり，急には持ち上げにくくなります。

　ここでは，その力を使って割り箸を折ってみましょう。

♠ 製作手順（演示準備）

①　新聞紙を1枚広げ，机の上の端に合わせて置く。

②　次に割り箸を3分の2くらい新聞紙の下に入れ，3分の1は机から飛び出した状態にする。

③　一度割り箸の上の新聞を押さえ，割り箸に新聞が密着するようにして周りの空気を追い出す。

④　机から出ている割り箸の部分に向かって，物差しを刀に見立てて握り，思いっ切り振り下ろす。

　物差しではなく手刀で割り箸を折ってもよいでしょう。

♥ 演示例

❶　割り箸を手に持ち，「割り箸はそのままの状態（2本まとまっている状態）だと，なかなか堅くて折れません」と言う。

❷　「この堅い割り箸を手刀で折りたいのですが，何かで押さえないとそのまま机に置いても折ることはできませんね」と言い，何か押さえるものを探すふりをする。

❸　「ここに新聞紙がありました。新聞紙1枚に割り箸を押さえてもらいましょう」と言って新聞紙を1枚机の端に置き，割り箸を3分の2くらい新聞紙の下に入れ，3分の1は机から飛び出した状態にする。

❹　「それではこの物差しで飛び出した部分を割ってみましょう」と言って，物差しを一気に振り下ろして割ってみせる。

♣ 成功のポイント

　割り箸を新聞紙の下に入れるとき，なるべく多めに新聞紙の中に入れ，新聞紙と机の端からはみ出す部分は小さい方が，より強く押さえられます。

　手刀でも大丈夫ですが，割り箸の出ている部分が短いと，手を振り下ろしたときに机にぶつける可能性もあるので注意しましょう。

応用➡
- -
　うまくやれば，B4〜A3サイズの紙でも同様に割り箸を折ることができるので挑戦してみましょう。

中学校2年　気象とその変化／気象観測

つぶれるペットボトル

小学校4年　天気の様子

高校物理基礎　物体の運動とエネルギー

現　象	ペットボトルが突然つぶれ始める（大気圧）
時　間	単元導入時（3分），解説及び子供実験時（10分）
準備物	ペットボトル（お茶系），お湯，濡れたふきん

　ペットボトルにお湯を入れると，中の空気が暖められます。素早く中のお湯をこぼすとペットボトル内の空気は暖かいままですが，しばらくして中の空気が冷めてくると，閉じこめられた空気の体積が小さくなり，外からの大気圧によってつぶされてしまいます。

♠ 製作手順（演示準備）

① 　ペットボトルにお湯を半分ほど入れ，蓋をしめる。

② 　2〜3回振った後，蓋を開けお湯を捨て，素早く蓋をする。

③ 　濡れたふきんを机の上に置いておく。その上にペットボトルを置く。または，冷たい水につける。

♥ 演示例

❶ 　ペットボトルにお湯を半分ほど入れ，蓋をしめる。2〜3回振った後，蓋を開けお湯を捨て，素早く蓋をする。

❷ 　机の上に置き，「私のパワーをご覧ください」と言いながら，ペットボトルに念を送る動作をする。

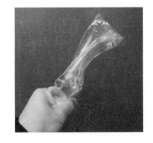

❸ 　時間が経つと，ペットボトルが「パコ，パコ」と音を立てて凹み始める。「どうしてペットボトルはつぶれたのでしょうか？」と問う。

また，二酸化炭素（ドライアイスでも可）と水を使って，次のようなマジックも可能です。二酸化炭素は水に溶けやすいため，ペットボトル内の空気が少なくなり，それによって大気圧につぶされてしまいます。

❶　ペットボトルに二酸化炭素を充満させておく。

　ドライアイスを使用する場合は，ペットボトルに少量入れて静かに置いておきます。ドライアイスがすべて溶けてから蓋をします。すぐ蓋をしてしまうと，ペットボトルが破裂してしまうかもしれないので大変危険です。

❷　「何も入っていないペットボトルに水を入れます」と言ってペットボトルの蓋を開け，中に水をボトルの３分の１ほど入れ，素早く蓋をする。

　水の代わりに水酸化ナトリウム水溶液を使った方が，二酸化炭素の吸収量が多いため水より少量で演示できますが，濃いめにつくると危険なので注意します。

❸　ペットボトルの口の部分を右手で持ち，激しく振りながら左手でボトルにパワーを送る仕草をする。するとペットボトルがつぶれる。

♣ 成功のポイント

　お湯を用意する際に電気湯沸かし器を使うときは，再沸騰させてからペットボトルに注ぐとよいでしょう。ペットボトルは，熱に強いお茶系のペットボトルを使用します。炭酸系のペットボトルは，熱に弱いので使えません。

　後半に紹介したマジックでは，水の場合は炭酸系のペットボトル，水酸化ナトリウム水溶液の場合はお茶系のペットボトルや金属製の蓋つき缶を使用することを推薦します。

応用 ➡
- -
　蓋つきのジュース缶（アルミ缶）で行うと，金属が凹むというインパクトがありますが，お湯を入れたとき熱が伝わりやすくやけどしやすいので，手袋が必要です。また，空き缶は凹まない場合があるので，事前に試しておきましょう。

44 つぶれる一斗缶

小学校4年　天気の様子
高校物理基礎　物体の運動とエネルギー

現　象	一斗缶が突然つぶれ始める（大気圧）
時　間	単元導入時（5分），解説及び子供実験時（10分）
準備物	一斗缶，カセットコンロ，水入れ

　一斗缶の中の水が沸騰すると，缶内の空気が押し出され，水蒸気でいっぱいになります。その状態で密閉された水蒸気は，気温が下がると水に戻り，缶内は空気が少ない状態になります。そのため，外からの大気圧によってつぶされてしまうのです。

♠ 製作手順（演示準備）

① 一斗缶にコップ半分ほどの水を入れる。蓋は開けておく。

② 水の入った一斗缶を火をつけたカセットコンロの上に置き，中の水が沸騰するのを待つ。

③ 一斗缶の口から湯気が多く出た頃を見はからって，蓋を閉める。

④ その一斗缶を，水をかけても問題ない場所に置き，上からゆっくり水をかける。冷水をかけるとなお反応が激しくなる。

　簡易プールや大きなタライがあると，室内での実験が可能になります。

♥ 演示例

❶　一斗缶にコップ半分ほどの水を入れる。蓋は開けておく。

❷　水の入った一斗缶を火をつけたカセットコンロの上に置き，中の水が沸騰するのを待つ。

このとき，一斗缶の中はこれからどうなるかを問います。

❸　一斗缶の口から湯気が多く出た頃を見はからって，蓋を閉め，「今この中は，どのような状態でしょうか？」と問う。

❹　この状態で冷やすとどうなるかを予想させ，缶の上に水入れでゆっくり水をかけると，大きな音とともに缶がつぶれていく。

♣ 成功のポイント

一斗缶に入れる水は，少ない方がよいでしょう。少ない量でも缶の口から湯気が出れば十分つぶれます。

上から水をかけて冷やしているとき，突然大きな音を立ててつぶれるので，水がはねる場合があります。濡れないように注意しましょう。

応用 ➡

蓋つきの缶コーヒーでも同じ実験が可能です。また，子供実験として，実験用の丸型水槽に半分ほど水を入れておき，少量の水を入れたジュースの空き缶をコンロにかけ，湯気が出たところで軍手をはめた手で缶を持ち上げ素早く缶を逆さにし，缶の口の面を水につけると，口から水が入るより大気圧につぶされる速さの方が早いため，簡単にペチャンコにつぶれてくれます。

行事などで行うときは，ドラム缶を使うのも迫力があってよいでしょう。また，一斗缶であれば「つぶれるペットボトル」（p.97参照）のように，二酸化炭素を充満させてから水を入れてつぶすこともできます。

45 マグデブルグ球

小学校4年　天気の様子
高校物理基礎　物体の運動とエネルギー

現　象	ボールでつくったマグデブルグ球で人を持ち上げる（大気圧）
時　間	単元導入時（5分），解説及び子供実験時（10分）
準備物	金属のボール2個，金属製U字型取っ手，穴開け工具，ボンド，ゴム板（工作用紙），アルミテープ，ティッシュペーパー，マッチ

　大気圧を利用した現象です。地上での1気圧という大気圧は，面積1cm²（小指のつめほどの面積）当たり1kgの力がかかる空気の圧力です。

　吸盤を上から押して中の空気を押し出すと，吸盤の上面を大気が押してくれるのでくっついたようになり，簡単に取ることができなくなります。

♠ 製作手順（演示準備）

① 少し小さめのステンレス製のボールを用意する。

② 2個のボールの底にねじ穴を開けて，取っ手をつける。そこから空気が漏れないように，内側からボンドなどで補強する。

③ ゴム板（1～2mm厚）をボールの縁より少し大きめにカットする（ドーナツ状）。

④ 1つのボールに空気抜き用の小さな穴（1～2mm程度）を開け，アルミテープで塞いでおく。

⑤ 1つのボールを上向きにして縁にドーナツ状のゴム板を乗せた後，ティッシュペーパーをボールの中に入れて火をつける。すぐにもう1つのボールで蓋をするように被せるとくっついて離れなくなる。

♥ 演示例

❶ 「ここに用意したボールにティッシュペーパーを入れ，火をつけます」と言い，ボール同士をくっつける。
この合わせたボールがマグデブルグ球です。

❷ ボールの両側を思いっきり引っ張ってみせ「もう簡単に離すことはできません」と言って，近くにいる子供2人にボールの取っ手を持ってもらい，引っ張り合ってもらう。
子供たちに引っ張り合ってもらっても，子供の力ではボール同士を引き離すことはできません。

❸ 簡単に開かないことを確認したら，ボールの空気抜き穴のアルミテープを剥がしながら「ここから空気を入れると，このように簡単に開けることができます」と言って2個のボールに離して演示を終えます。

♣ 成功のポイント

ティッシュペーパーに火をつけた後，ボール2個の縁がズレないよう素早くくっつけるのがコツです。ズレると空気が入りやすくなり強い力でくっつきません。ボールも小さいものを選んでつくった方がよいでしょう。

大きいボールを使うと，大気圧でボール自体がつぶれてしまいます。それくらい大気圧はすごいのです。

応用 ➡

火が使えない場所で演じるときは，ボールの空気抜き用の穴の代わりに，コックつきのベンをつけて，真空ポンプで中の空気を抜けるようにしましょう。上記の写真は，そのように製作したマグデブルグ球です。

また，表面積を計算するとどれくらいの重さまで持ち上げることができるのかを知ることができます。金属のボールは理論上500kg以上持ち上げられることになりますが，ボールの強度を考えるとそこまでは持ち上げられません。

46 ボウリングボールの浮遊

小学校4年　天気の様子
高校物理基礎　物体の運動とエネルギー

現　象	ボウリングのボールを掃除機で持ち上げる（大気圧）
時　間	単元導入時（5分），解説及び子供実験時（10分）
準備物	ボウリングボール，掃除機，ゴムマット，アクリルパイプ，蓋，穴開け工具，排水ホース，長さ30cmほどの角材2本（菜箸でもよい）

　大気圧を利用した現象です。地上での1気圧という大気圧は，面積1cm^2（小指のつめほどの面積）当たり1kgの力がかかる空気の圧力です。

　ここでは，アクリルパイプ内のボウリングボールより上の空気を少し薄くするだけで，下から入ってくる1気圧の大気圧がボウリングボールを押し上げてくれる現象を紹介します。

♠ 製作手順（演示準備）

① ゴムマットの上にボウリングボールを乗せる。

② ボールにアクリルパイプを被せるが，アクリルパイプの下に角材（または菜箸）を置いてゴムマットとの間に隙間をつくる。

　アクリルパイプの内径は，ボウリングボールの直径より1～2mm大きいものを選びます。ボウリングボールの直径はおよそ21.5cmくらいなので内径22.5cm，太さ4mmのアクリルパイプを使うとよいでしょう。

③ アクリルパイプにする蓋は，真ん中に穴を開け，そこに洗濯機の排水ホースなどをつける。

　蓋は，木でもアクリルでも何でもかまいません。

④ 蓋についたホースに掃除機をセットし，吸引する。

　掃除機は，吸引力がそんなに強くない普通の掃除機で十分持ち上がります。

⑤ ボールがゆっくりと上がっていく。

♥ 演示例

❶ ゴムマット上にボウリングボールを置いて「このボウリングのボールを掃除機で持ち上げてみたいと思います。できると思いますか？」と問う。

❷ ボウリングのボールを掃除機だけで吸ってみるが，持ち上がらない。

❸ 「これでは持ち上がらないので，これを用意しました」と言い，アクリルパイプをボールに被せ，蓋をする。蓋と掃除機をつないで「これで上がると思いますか？」と問う。

「上がる！」と答える子供が多いですが，実際に掃除機のスイッチを入れてもボールは上がりません。

❹ 「実はもう一つ必要なものがあります。それは何でしょう？」と問う。

❺ 「正解は，アクリルパイプの下に隙間をつくれるものです」と言い，パイプの下に角材または菜箸を置き，掃除機のスイッチを入れると，ゆっくりとボウリングのボールが浮かび上がる。

♣ 成功のポイント

なるべく密閉率の高いアクリルパイプを購入する必要があります。

応用 ➡

- -

演示例の「実はもう一つ必要なものがあります。それは何でしょう？」のところをクイズ形式にしてみましょう。アクリルパイプの下に隙間をつくるものを角材の代わりに菜箸にして，あとドライヤーや空気入れ，アイロンなどそれらしいものを並べて選択させると，まず菜箸を選ぶ子供はいないと思います。意外なものを使って持ち上げる不思議な演出をしてみましょう。

47 浮沈子

小学校4年　空気と水の性質
高校物理基礎　物体の運動とエネルギー

現　象	物体を自由に操る（浮力，アルキメデスの原理，パスカルの原理）
時　間	単元導入時（2分），解説及び子供実験時（20分）
準備物	魚のタレビン（サイズ小），ステンレス六角ナット（サイズM6），プラコップ，炭酸ペットボトル

　密閉した容器の中では，空気を縮めることはできますが水を縮めることはできません。その性質を利用して魚のタレビンを浮き沈みさせてみせます。

♠ 製作手順（演示準備）

①　魚のタレビンの蓋を取り，そこにステンレス六角ナットをねじ込む。油性マジックで，魚のタレビンに色を塗ると見やすい。

②　水の入ったコップを用意して，その中で魚のタレビンの中の水の量を調整し，尾びれが水面から少しだけ出るようにする。

　水面から尾びれがたくさん出ていると，操るのにかなりの力を使うため，ペットボトルの変形（力で凹む）が見えてタネがばれやすくなります。そこで，水面すれすれで浮くように調整すれば弱い力で浮き沈みさせることができます。

③　ペットボトル口の近くまで水を入れ，その中に調整した魚のタレビンを入れてしっかり蓋をする。

④　ペットボトルを片手で持ち，ペットボトルに圧力を加えて中の魚のタレビンを沈ませる。力を抜くと浮き上がる。

　真ん中で静止させるのは，練習が必要です。

♥ 演示例

❶ 「この中に，魚のタレビンが浮いています」と
ペットボトルを左手に持って子供に見せる。

❷ 「これは，私の言うことをよく聞く不思議なお
魚です」と言った後，「下がれ。下がれ」と右手
でジェスチャーを入れながら，いかにも操ってい
るかのように，魚を浮き沈みさせる。

❸ 磁石で操っているのではないかと思う子供もいるので，今度は「下がれ。
上がれ。止まれ」とジェスチャーはなしに言葉だけで操ってみせる。

♣ 成功のポイント

　　浮沈子はぎりぎりの状態で浮くようにし，弱い圧力で沈むように調整しま
す。手の平にペットボトルを乗せ，子供側から見えない親指でペットボトル
の側面を押さえて操ることができれば，一段と不思議に見えます。

　　密閉された容器を強く圧縮すると，その圧力が水を伝って魚に達し，魚の
中の空気が押され体積が小さくなります。このように，水に加えられた圧力
が伝わり，離れた物体に圧力を及ぼします。この原理を「パスカルの原理」
といいます。圧力を弱めると空気がもとの大きさに戻り，再び浮き上がりま
す。液体の中では，物体の体積と同じ液体の重さの分だけ浮力を受けます。
この原理を「アルキメデスの原理」といいます。

応用➡

- -

　　空気の量が違う浮沈子を数個入れることで，沈めるのに必要な圧力がそれぞれ
違うため，別々の順番で沈めることができます。また，発泡スチロールやストロ
ーなどを浮沈子に使用することもできます。

　　魚の容器以外でつくるとき，水の出入りする穴を容器の側面につくると，圧力
を小刻みにかけることで，回転する浮沈子をつくることができます。

中学校3年　運動とエネルギー／力のつり合いと合成・分解

逆浮沈子

小学校4年　空気と水の性質
高校物理基礎　物体の運動とエネルギー

現　象	容器を強く押すと浮沈子が水中を上がっていく（浮力）
時　間	単元導入時（5分），解説及び子供実験時（20分）
準備物	魚のタレビン（サイズ小），ステンレス六角ナット（サイズM6），断面が楕円または横長のプラスチック容器

　「浮沈子」（p.104参照）は，密閉された容器を強く圧縮すると，その圧力が水を伝って魚に達し，魚の中の空気が押され体積が小さくなって沈みますが，その現象を利用して，容器を強く圧縮することで浮かび上がる逆浮沈子をつくります。

　飲料水のペットボトル容器では，手で強く圧縮すると中の空気も圧縮されて小さくなります。しかし，台所用洗剤の入った容器やマウスウォッシュの容器のように，容器断面が楕円や横長の形状をしていると，横からの圧縮で容器内の体積を大きくすることができます。

　それにより，内部の空気の体積を増やして浮力を大きくし，浮かび上がる逆浮沈子をつくることができます。

♠ 製作手順（演示準備）

　ここで使用する逆浮沈子のつくり方は「浮沈子」と同じです。

　これは，水中でギリギリで沈んでいる状態になるように調整します。

① 　ボトル口の近くまで水を入れ，その中に調整した浮沈子を入れてしっかり蓋をする。

② 　ボトル断面の長い部分を片手で挟むように持ち，ボトルの体積を増やすように圧力を加えて，浮沈子の中の空気を膨らませて上昇させる。

♥ 演示例
　「浮沈子」を見せた後に行うと不思議さが増します。

❶　「この中に，魚のタレビンが沈んでいます」とペットボトルを机の上に置いて子供に見せる。

❷　「これは，先ほどの浮沈子と同じお魚です」「力を加えていないのにもう沈んでしまっています」と言う。

❸　ボトルを左手に持ち「今度は力を入れて，上に上昇させてみせましょう」と言って力を込めて圧縮し，魚を上昇させてみせる。

❹　「さっきと同じ浮沈子なのに，どうしてこれは圧力をかけると浮き上がってくるのでしょうか？」と問う。

♣ 成功のポイント
　容器（ボトル）の形が重要です。容器の断面が円形や四角ではなく，楕円や横長の形状をしている透明容器を探すこと。台所用洗剤やマウスウォッシュの容器などで，透明のものがあれば一番よいでしょう。

　圧力をかける場所を間違えると上がってこないので，容器断面の長い方を円形に近づけるようにつぶせばうまくいきます。また中に入れる浮沈子も，ギリギリ沈んでいるくらいに調整するのがうまくいくポイントです。

応用➡

　逆浮沈子の容器に，浮いている浮沈子と沈んでいる浮沈子の両方を入れて，容器側面の押す方向を変えることで，どちらも操れるのを見せると大変面白いと思います。容器断面の距離が短い方を強く押すと，圧縮されるので浮いている浮沈子を沈めることができます。

中学校3年　運動とエネルギー／力のつり合いと合成・分解

49 砂の浮力

小学校4年　空気と水の性質
高校物理基礎　物体の運動とエネルギー

現　象	砂の上の鉄球が，振動を与えるとピンポン球に変わる（浮力）
時　間	単元導入時（3分），解説及び子供実験時（20分）
準備物	鉄球，砂，洗面器など底の深い入れ物，ピンポン球，バイブレーター，洗面器が隠れるくらいの布

　水の中では，浮力によって軽い物が浮いてきます。流体の中では水と同様に浮力が働きます。

　砂は，ピンポン球のような普段は砂より軽い物でも，見えないように中に閉じこめておくことができます。また金属球などは，沈むことなく上に置いておくこともできます。しかし，振動を与えることで砂が流体のようになり，浮力を起こすことができるようになります。それにより，砂より重い鉄球が沈み，軽いピンポン球が砂の上に浮いてくるという現象を起こすことができます。

　地震のときに起こる液状化現象も同じ原理です。

♠ 製作手順（演示準備）

① 　洗面器など底の深い入れ物にピンポン球を入れ，その上にピンポン球が見えなくなるくらいに砂を被せる。

これで準備OKです。

② 　演じるときは，鉄球を砂の上に置き，布を被せる。

③ 　洗面器の側面にバイブレーターを当てる。

④ 　バイブレーターの強さにもよるが，数秒で鉄球とピンポン球が入れ替わる。

♥ 演示例

❶ 鉄球を手に持ち「この砂の上に，この鉄球を乗せます」と言って砂の上に鉄球を乗せる。

❷ 「砂の上に，鉄球が乗っているのが見えますか？」と言い，砂の入った洗面器をみんなに確認させる。

❸ その洗面器に布を被せて，「さあ，ここに魔法のおまじないをかけます」と言いバイブレーターを洗面器に当てる。

❹ 数秒間おまじないをかけた後，被せていた布を取ると，鉄球が沈みピンポン球が砂の上に出てきているため，鉄球がピンポン球に変わったように見える。

❺ 「鉄球がピンポン球に変わりました」と言って，みんなに洗面器の中を見せる。

♣ 成功のポイント

鉄球は，ピンポン球と同じ大きさを選びましょう。砂もしっかりふるいにかけて細かいものだけを使用し，乾燥させておきましょう。

応用 ➡

- -

砂を流体にする方法は他にもあります。洗面器の下から空気を送り出せるようにしておく（空気穴から砂がこぼれないようにする）と，バイブレーターよりも早く入れ替えることができます。

また，トウモロコシを使って，ポップコーンの上にポップコーンが見えなくなるくらいトウモロコシを広げておき，同じような演出をすると，トウモロコシが一瞬でポップコーンに変わったように見せる演示もできます。

50 シャボン玉の浮かぶ水槽

小学校3年　風とゴムの力の働き
高校物理基礎　物体の運動とエネルギー

現　象	水の入っていない水槽の中にシャボン玉が浮いている（浮力）
時　間	単元導入時（5分），解説及び子供実験時（10分）
準備物	大きめの水槽，シャボン液，ドライアイス（二酸化炭素），ストロー

　風の吹かない空間でシャボン玉をすると，シャボン玉はシャボン液の分，空気よりも重いので下に落ちていきます。しかし，シャボン玉の周りの空気が重ければ，浮力によってシャボン玉を空中に浮かせておくことができます。

　ドライアイスは二酸化炭素の固体であり，空気よりも重いため，水槽の中に入れておくと，水槽の中が二酸化炭素で満たされます。二酸化炭素は透明なので見えません。

　その水槽の中へシャボン玉を入れると，二酸化炭素の上にプカプカと浮き，まるでシャボン玉が空中に止まっているかのように見えてしまいます。

♠ 製作手順（演示準備）

①　大きめの水槽の中に，細かくしたドライアイスを入れる。

　ドライアイスは溶けると，750倍の体積の二酸化炭素に変わるので，少量でも大丈夫です。入れすぎには注意しましょう。

②　ドライアイスが見えなくなったら，底の方に二酸化炭素がたまっているので実験できる。

　シャボン玉をゆっくり吹いて水槽の中に入れてみましょう。

♥ 演示例

❶ シャボン玉を吹き「このように風のないところでシャボン玉を吹くと，下に落ちてしまいます」と言い，シャボン玉が下に落ちていく様子を見せる。

❷ 水槽を見せながら「この水槽には何も入っていませんが…」と言い，シャボン玉をゆっくり吹き込む。

❸ 「どうですか？　シャボン玉が浮かんでいます」「どうぞ前の方に来て水槽の中を覗いてみてください」と言う。

間近で見てもらった方が，インパクトが強いです。

♣ 成功のポイント

水槽にシャボン玉を入れるとき，ゆっくり吹いて大きなシャボン玉をつくるとよいでしょう。強く吹き入れると，二酸化炭素まで外に吹き飛ばしてしまう可能性があるので注意します。

また，シャボン液に砂糖や，洗濯糊（PVA）を入れて割れにくいものをつくると，長時間浮いているところを見せることができます。

応用 →

水槽は大きければ大きいほどよいので，大きいものを使いましょう。家庭では，お風呂の湯船を使って同じことができるので，ドライアイスが手に入ったときは家族で楽しむとよいでしょう。

また，ブルーシートや大きなビニール袋で簡易な大型プールが製作できれば，中にドライアイスを入れて大勢で楽しめます。

51 カップの空中浮遊

小学校３年　風とゴムの力の働き
高校物理基礎　物体の運動とエネルギー

現　象	カップ麺のカップが，宙に浮かび操れる（浮力（揚力））
時　間	単元導入時（5分），解説及び子供実験時（20分）
準備物	カップ麺のカップ，穴開け工具，ドライヤー

　カップ面のカップに真下からドライヤーなどで風を当てると，カップの外側の面を風が流れていきます。カップの外側全体を包むように風が流れるため，カップの横方向360°すべてに揚力が働きます。このようにして，引っ張り合いつり合う力が働くため，風に捕まったようになり，安定して浮遊する現象です。

　浮遊しているカップに手で触ることなく上下に操ることができるので，とても不思議に見えます。

♠ 製作手順（演示準備）

① 　カップ麺のカップの底に，500円玉くらいの穴を開ける。

　使用するカップ麺のカップは，なるべく底が球に近い形をした深めのカップがよいでしょう。

② 　空気が流れやすいようにするために，カップの縁を切り取り，カップの外側に沿って真っすぐ上方向に風が抜けるようにする。

③ 　ドライヤーの口を90°真上に向けて固定する。

　ドライヤーは90°上を向いて立てられるものを購入するとよいでしょう。できれば，つい立てなどでドライヤーを隠します。

④ 　ドライヤーを「送風」にして，その口の上にカップを持ってくる。

♥ 演示例

❶ つい立てでドライヤーを隠し，スイッチを入れる（送風）。

❷ 「ここにカップ麺のカップがあります。よーくご覧ください」と言って，ドライヤーの上にカップ麺のカップを持ってくる。カップから手を離すと，空中に安定して浮いているように見える。

❸ 「カップを操ってみせましょう」と言い，カ

ップを上から手の平で押さえるようにすると，カップに触れることなく，カップを下に下げることができる。

❹ カップの周りにはヒモや棒などがないことを確認する仕草をしてから，「このつい立ての中には何が隠れていると思いますか？」と問う。

♣ 成功のポイント

ドライヤーは「送風」で十分高く上がるので，「強風」にしないこと。強すぎると高く上がりすぎて安定しません。また，音の静かなものを選びます。

応用 ➡

大きめの球形発泡スチロールにおもり（1円または爪楊枝）をつけて，ドライヤーを60°くらいの角度で固定し発泡スチロールの上部に風を当てると，安定して浮かせることができます。扇風機で，風船（おもりは10円）を使ってもできるのでやってみましょう。風力の強いブロアーを使用して，大きなものを浮かせるのもよいでしょう。

また，ドライヤーの先端に細い軽い糸（ビニールひもを裂いたものなど）を複数つけると，風の流れを見ることができるので，原理を考えるのによいでしょう。

52 ペットボトルの空中浮遊

小学校3年　風とゴムの力の働き
高校物理基礎　物体の運動とエネルギー

現　象	1.5Lのペットボトルが，宙に浮かび操れる（浮力（揚力））
時　間	単元導入時（5分），解説及び子供実験時（20分）
準備物	1.5Lのペットボトル，ビー玉（5〜7個），ブロアー

　あの鉄のかたまりの飛行機が飛べるのも，両翼に当たった空気の流れででき る揚力によるものです。その力を利用すれば，いろんなものを浮かせることが できます。

　ペットボトルを逆さにし，底の方をめがけて風を当てると，ペットボトル の上側（底の部分）を抜けていく風の揚力により浮かせることができます。 風はボトルの側面を包むように流れるため，ペットボトルの横方向にも揚力 が働いて引っ張り合ってつり合い，ペットボトルが風に捕まったようになり ます。

♠ 製作手順（演示準備）

①　空のペットボトルの中におもりとして，ビー玉5〜7個を入れる。

　ブロアーの出力によってビー玉の個数は変わります。ブロアーは，なるべ く高出力のものを探します。安いブロアーだと，ペットボトルを浮かせる風 量がない場合があります。

②　ペットボトルを逆さに持ち，ブロアーの口を60°ほど上向きにして，ペッ トボトルの上側（底の部分）に向けて風を当てる。

　ペットボトルは強い風で遠くに飛ばされてしまいそうですが，飛んでいか ないだけでも不思議に見えるものです。

③　安定して浮かせることができ，風に捕まっているため，ブロアーを動か しても落ちることなく移動させることができる。

♥ 演示例

　ドライヤーで行った「カップの空中浮遊」（p.112参照）を見せた後で，
「強い風だともっと大きな物を浮かせることができるよ」と言って演示する
と流れがよいでしょう。

❶　ペットボトルを左手に逆さにして持
　　ち，「よーくご覧ください。この風を
　　送る機械で不思議な現象をお目にかけ
　　ます」と言って，右手でブロアーの口
　　を60°ほど上向きにして，ペットボト
　　ルの上側（底の部分）に向かって風を
　　当てる。

❷　ペットボトルが安定しているのを見
　　せた後，左から右に，ブロアーの口を移動させ，ペットボトルを操る。
❸　ブロアーの風をゆっくりゆるめると，ブロアーの口に向かってゆっくり
　　とペットボトルが下りてくる。

♣ 成功のポイント

　ペットボトルは，底にカバーがついているものがよいですが，最近はほと
んど見かけません。そのペットボトルは底のカバーを取ると球形になってい
るので，とても安定して浮かすことができ，操ることができます。

応用 ➡
- -
　高出力のブロアーを使用できる場合は，大きめの白熱電球を使用し，電球を点
灯させた状態（線がついた状態）で浮かせてみせるのもインパクトがあるのでや
ってみましょう。

中学校3年　運動とエネルギー／力のつり合いと合成・分解

53 重心の取り方

小学校6年　てこの規則性
高校物理基礎　物体の運動とエネルギー

現　象	長い物のつり合う点（重心）が簡単にわかる（つり合いと摩擦）
時　間	単元導入時（3分），解説及び子供実験時（10分）
準備物	バットやほうきなどの長い棒

　長い物体の重心を探すとき，1本の棒のような物であれば長さの真ん中を取ることで見つけられますが，バットやほうきのような一様な形でない物の場合，難しいと思います。しかし，左右の指を1本ずつ使えば簡単に重心を見つけられます。それは肩幅ほど広げた2本の人差し指の上に物体を乗せ，その指をゆっくり真ん中にスライドして近づけていけばよいのです。

　2本の人差し指をスライドさせるとき，その上に乗っている物体の重さがそれぞれの人差し指にかかります。最初は重心から離れたところにあるため，2本の指にかかる重さはまったく同じではなく，どちらかが少しだけ重くなっています。重い方の指の摩擦力は軽い方より大きいために動かず，軽い方の指が動きます。重心にくるまで摩擦力の違いが交互に起こり，両指が次第に重心に近づいていきます。最終的に人差し指同士がくっつくところが重心となります。

♠ 製作手順（演示準備）

① 　バットやほうきなどの長い棒を用意する。

② 　1mほど腕を広げ，両手の人差し指だけを立てて，その両人差し指の上にバットやほうきなどを乗せる。

③ 　広げた腕をゆっくりと内側に縮め，2本の人差し指を真ん中にスライドさせるように動かす。

④ 　2本の人指し指がくっつくところが重心となる。

♥ 演示例

❶ バットやほうきを持ってきて，「この○○のつり合う点（重心）がどこにあるかわかりますか？」と聞く。

❷ 子供に持たせると，指でつまんでだいたいつり合う点を探し出す。

❸ そこで「こうやると確実につり合う点を探すことができるよ」と言って，1mほど腕を広げ，両手の人差し指だけを立てて，その両人差し指の上にバットやほうきなどを乗せる。

❹ 広げた腕をゆっくりと内側に縮め，2本の人差し指を真ん中にスライドさせるように動かす。

♣ 成功のポイント

使用する棒は，中間点が重心になりそうな棒よりは，左右不対称な長い棒がよいでしょう。

指に乗り，指をスライドさせることができる長い物を使用します。また，2本の指で持つことができる重さの物を用意すること。

応用 ➡

- -

重心を求めた後に「この棒の端っこに同じ重さのおもりをつけたら，つり合うと思いますか？」と問いかけ，実際におもりをつけて実験をします。

（答え：つり合わない。重心からの距離が長い側につけたおもりの方へ傾く）

意外とつり合うと思っている子供が多いと思います。重心がずれている物で同じ重さの物を量るには，重心から同じ距離に置かなければつり合わないことを教えましょう。

54

つり合いペン立て

小学校6年　てこの規則性
高校物理基礎　物体の運動とエネルギー

現　象	ペンがないと立たないペンスタンド（つり合い）
時　間	単元導入時（3分），解説及び子供実験時（10分）
準備物	厚紙（型紙），ペンまたは鉛筆（長い物）

つり合いを利用した現象です。1つの物体でうまく重心を取り安定させるものが多いですが，これは，2つの物体を組み合わせることで，安定して立たせることができるものです。全体の重心はペンとスタンドの間にあり，物体上ではなく，物体の外（空間上）に重心があるため，ペンなしでは立てることはできません。

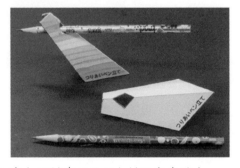

♠ 製作手順（演示準備）

① 厚紙に書かれた右のような図を切り取る。

② 菱形の部分を切り抜く。

③ 破線-----を山折りにする。

④ 点線……を谷折りにする。

⑤ 穴にペンまたは使い始めの鉛筆の先を穴に入れてバランスを取ると，立てることができる。

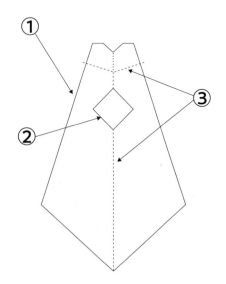

♥ 演示例

❶ 「これは，何でしょう？」と厚紙のペン立てを見せる。

❷ それを机の上に立てようとしながら，「この紙は立てようとしてもすぐ
倒れてしまいますね」とペン立てだけでは立たないことを強調する。

❸ 「実はこれは，ペン立てです」と言いながらペンを取り出し，穴に刺し
て立たせる。

❹ 「しかし，ペンを取ると倒れてしまい，どういう道具なのかもわからな
くなってしまいます」と言い，穴からペンを取って机の上に置く。

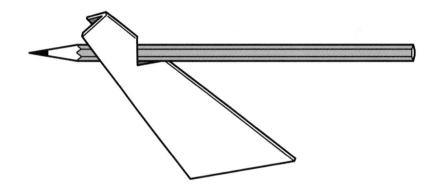

♣ 成功のポイント

ボールペンや新しい鉛筆用で設計してあるので，短くなった鉛筆を使うと
うまく立ちません。演じるときは，新品の鉛筆やキャップつきのボールペン
を使用しましょう。

応用 ➡
- -
名刺や図書カードや QUO カードなどの厚い紙や薄いプラスチックカードな
どを使って子供に製作させたり，もっと細長いペン立てをつくり，簡単に立てる
ことのできない絶妙なバランスのペン立てをつくるのもよいでしょう。

中学校3年　運動とエネルギー／運動の規則性

55 共振振り子

小学校5年　振り子の運動
高校物理基礎　物体の運動とエネルギー

現　象	みんなが選んだ振り子だけを動かしてみせる（共振）
時　間	単元導入時（3分），解説及び子供実験時（10分）
準備物	塩ビパイプ（60〜70cm），たこ糸，おもり（釣り用のおもりでよい）

　振り子は，長さによってそれぞれ固有振動数をもっています。長い振り子はゆっくりとした周期で動き，短い振り子は速い周期で動きます。

　外から振り子に振動を与え，それが振り子の固有振動数と同じ振動であると，共振して振り子は大きく動き出します。それと長さの違う振り子では固有振動数が違うので，あまり動きません。小さな振動でも長く続けることで，大きく動かすことができます。

　あるビルのエアロビック教室で，受講者たちが全員で同じステップを踏んでいたら，たまたまそのビルの固有振動数に合ってしまい，ビル自体が地震のように大きく揺れたという事件もありました。

♠ 製作手順（演示準備）

①　塩ビパイプに，おもりを通した長さの違うたこ糸を3本つける。

　おもりはなるべく重い物を用意し，塩ビパイプに1本ずつ下に垂らしてつけるのではなく，V字型をした振り子にした方がスムーズにできます。

②　塩ビパイプの両端をつかみ，手を前に伸ばして持つ。

③　それぞれ微妙に揺れているので，選んだおもりに合わせて，気づかれないように前後に揺する。

④　その揺れに合わせて振動を与えていると，それだけがだんだん大きく揺れ出す。

♥ 演示例

❶　塩ビパイプを手に持ち「ここにおもりが下がっていますが，みんなが選んだおもりだけを揺らしてみせましょう」と言い，動かすおもりを選んでもらう。

❷　みんなに選んでもらった後，そのおもりに念を込めたような仕草をしながら，選ばれたおもりの微妙な揺れに合わせて小刻みに振動を与える。

❸　大きく揺れ始めたら，いかがですかと拍手を求め，演示を終える。

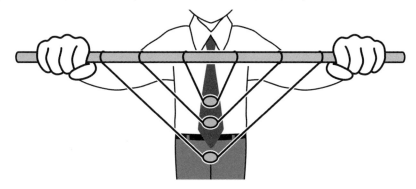

♣ 成功のポイント

　　手を動かさず体を動かすのがコツです。子供たちは手元を注意してみるので，手で振動を与えようとするとクレームが出る可能性があります。

応用➡
- -
　　子供に持たせて操ることもできます。振り子を子供に持たせて対峙して立ち，振り子の振動に合わせて子供の目の前でおまじないをかけるかのように，手を前後に動かす。顔の近くまで手を持っていくと，その動作に合わせて子供も体を微妙に引くので，まるで教師が念力で選んだ振り子を動かしているように見えます。

　　また，ひもで吊るした振り子ではなく，竹ひごの上におもりをつけて台に立て，台を揺するタイプの振り子にしても同様の実験ができます。

中学校3年　運動とエネルギー／運動の規則性

自由自在に毛糸を切る

小学校5年　振り子の運動
高校物理基礎　物体の運動とエネルギー

現　象	吊るしたおもりの上下の毛糸を自由自在に切る（慣性の法則）
時　間	単元導入時（5分），解説及び子供実験時（10分）
準備物	250g〜500gのおもり，手の力で切れる毛糸，フック，釘など

　慣性の法則とは，止まっている物体はそのまま止まり続けようとし，動いている物体はそのままの速度で動き続けようとする性質のことです。バスが走り出すとき，中に立っている人はその場に留まろうとする力が働いて体が後ろに倒れます。ブレーキをかけると，中の人はそのままのスピードで動き続けようとするため前に倒れます。それらが「慣性」です。

　その性質を利用して，おもりにつけた毛糸を自在に切ってみましょう。

♠ 製作手順（演示準備）

① 　ある程度重さのあるおもりの上下にフックをつけて，毛糸をつける。

② 　上の毛糸をおもりが吊るせる釘などにかける。

③ 　このような状態で毛糸を引っ張ると，どちらの毛糸が切れるかは偶然であるかのように思う。その考えを利用する。

【上の毛糸を切る場合】

　下の毛糸をゆっくりと引っ張る。毛糸をゆっくり引っ張る力と，おもりの重さが上の毛糸にすべてかかり，下の毛糸よりも大きな力が上の毛糸にかかるため上の毛糸が切れる。

【下の毛糸を切る場合】

　下の毛糸を素早く思いっきり引っ張る。おもりに慣性が働き，おもりがその場に留まろうとするため上の毛糸に力がかからず下の毛糸だけに力がかかり，下の毛糸が切れる。

♥ 演示例

❶ 「こちらに毛糸のついたおもりがあります」と言い，上の毛糸を釘などにかけて吊るす。

❷ 「下の毛糸を引いたとき，どちらの毛糸が切れると思いますか？」と，子供を指名して問いかける。子供全員に問いかけてもよい。

❸ 子供の答えと反対の毛糸を切ってみせる。

❹ 1回では偶然だと思われるので，同じことを何回か繰り返してみせる。

❺ 上の毛糸を切るときと下の毛糸を切るときの力の入れ方の違いに気づかせ，切れる原因を考えさせる。

♣ 成功のポイント

この実験の成功のポイントは，切れやすい毛糸です。あまり強すぎる毛糸を使うと成功しません。手で引っ張って切ることができるが少し強めの毛糸である場合，おもりの重さを重くするとよいでしょう。下の毛糸を切るときは，速さが勝負です。素早く思いっきり引っ張りましょう。

応用 ➡

- -

切れやすい毛糸が手に入れば，両手で上下に持って行うことができます。同じおもりで何回も行うときは，おもりの上下に毛糸を引っかけるフックを取りつけておけば，取り替え用の毛糸を用意することで，何回も見せることができます。

中学校3年　運動とエネルギー／運動の規則性

57 ペットボトル下のティッシュ取り

小学校5年　振り子の運動
高校物理基礎　物体の運動とエネルギー

現象	ティッシュペーパーを，ペットボトルに触れることなく破らずに取る（慣性の法則）
時間	単元導入時（5分），解説及び子供実験時（20分）
準備物	2Lの水入りペットボトル，ティッシュペーパー

このマジックは，慣性の法則を学習した後に行います。

テーブルクロスをかけたテーブルの上に食器を並べて，その食器をテーブルから落とさずに素早くテーブルクロスを引くテーブルクロス引きは，慣性の法則を使った現象としてよく見られる実験です。同様に慣性の法則を利用し，2Lペットボトルの下に置いたティッシュペーパーを，破らずに抜き取ってみましょう。

この実験は，左手でテーブルを強く叩いたとき，ペットボトルとティッシュペーパーの間に隙間ができるためにできます。ペットボトルが重いため慣性の法則が働き，ペットボトルはその場に留まろうとする力が働きます。机を叩くことで少し机に歪みができるので，そのタイミングでティッシュペーパーを引っ張ると徐々に引き抜かれていきます。

♠ **製作手順（演示準備）**

① 2Lのペットボトルいっぱいに，水を入れる。

② ティッシュペーパーを1枚取り出す。

③ 箱から出した1枚のティッシュペーパーは，薄い2枚の紙でできているので，重なった2枚のうちの薄い1枚を取り出す。

④ テーブルの上に薄いティッシュペーパー1枚を広げ，その上に2Lペットボトルを置く。

♥ 演示例

❶ 最初にＢ４サイズほどの白紙などを用意し，それをテーブルの上に置いてその上に２Ｌのペットボトルを置く。

❷ 「この紙を素早く引っ張ると…」と言って２Ｌのペットボトルを落とさずに紙を引っ張り，テーブルクロス引きを見せて「これは，慣性の法則を利用したマジックのようなものです」と言う。

❸ ティッシュペーパーの重なりから薄い１枚を取り出し，「今度はこのティッシュペーパーの上に乗せたペットボトルに触れずに，慣性の法則を使ってティッシュを破らずに抜き取ってほしいのですが…」と言って子供に挑戦してもらう。

２〜３人ほど挑戦してもらいますが，普通のテーブルクロス引きのやり方では，絶対に抜き取ることはできません。

❹ 「私がやって見せましょう」と言い，右手でティッシュペーパーを破れない程度にゆっくり引っ張りながら，左手でテーブルを思いっきり何度も叩く。すると，徐々にティッシュが抜けていく。

♣ 成功のポイント

演示するときのテーブルは，堅くどっしりしたものではなく，会議用の机などの強く叩くと歪みが起こりやすいものが最適です。

応用 ➡

- -

２Ｌのペットボトルの代わりは，大きめのポットなど重たい物であれば何でもできます。重たければ重たいほど慣性の力が働くので，行いやすくなり不思議さが増します。ティッシュペーパーの代わりに，トイレットペーパーでも演じることができます。

中学校3年　運動とエネルギー／力学的エネルギー

58 離れない教科書

小学校　全般
高校物理基礎　物体の運動とエネルギー

現　象	2冊の教科書を，テープや接着剤を使わずに強力に離れなくする（摩擦力）
時　間	単元導入時（5分），解説及び子供実験時（10分）
準備物	教科書2冊（雑誌でもよい）

　　4〜6ページのパンフレットであれば，2冊を並べてそのページを5〜6cmくらい重ねても，すぐに引き離すことができますが，100ページ以上ある本同士を1ページずつ重ねていくと，どんな力自慢でも引き離すことができないくらい，摩擦によって強くくっついて離れなくなります。

　　小さな摩擦力も，たくさん集まればすごい力を発揮します。その力がどれくらいすごいのか，教科書で試してみましょう。

♠ **製作手順（演示準備）**

①　教科書を2冊用意する。

②　トランプをかき混ぜるとき，2つに分けてパラパラと1枚ずつ交互に混ぜるやり方があるが，その要領で2冊の本のページを交互に重ねていく。

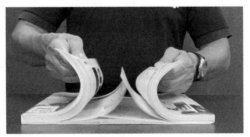

③　重ねる部分は5〜6cmくらいでよい。

④　ページ数が多ければ，きれいに1枚ずつ交互にする必要はない。トランプの要領で簡単に重ねて大丈夫である。

♥ 演示例

❶ クラスで力自慢を一人選び前に出てきてもらう。

そのとき，教科書も一緒に持ってきてもらいます。

❷ 「それでは君が持ってきた教科書と，私の教科書を少しだけ重ねてみます」と言って，200ページの教科書なら半分の100ページずつに分けて10cmくらい重ねて子供に渡し，左右に教科書を引っ張って離してもらう。

❸ 「これくらい簡単ですよね」と言い，今度は，1ページずつトランプを切るように重ねていく。このとき重ねるのは5～6cmくらいでいい。

❹ 「今度は短くたくさん重ねてみました。今度は引き離すことができるかな？」と言い，子供に手渡して力一杯引き離してもらう。

まず引き離すことはできないでしょう。

❺ 「力自慢の○○さんでも，引き離すことはできないようですね」と言って，逆に教科書同士を押すようにしながら上下に振動させて空気を入れる

ようにし，教科書同士の重なりをほぐし摩擦を小さくしてから引き離して，子供の教科書を返す。

♣ 成功のポイント

200ページ以上の本であれば，3cmくらい重ねても簡単には外れません。強力にくっつけるなら，1枚1枚丁寧に重ねるとよいでしょう。

応用 ➡

- -

厚めの古い教科書が2冊あれば，背表紙のところに穴を開けてロープを通し，本のページを10cmくらいずつ丁寧に重ねて，表紙がめくれないように軽くセロテープで止めてから吊り下げて，そのロープにぶら下がってみましょう。紙同士の摩擦の集まりが，いかに強いか実感できます。

59 破れないビニール

小学校　全般
高校物理基礎　物体の運動とエネルギー

現　象	水の入ったビニールに次々と鉛筆を刺す（摩擦熱）
時　間	単元導入時（3分），解説及び子供実験時（10分）
準備物	ビニール袋，鉛筆（色鉛筆），洗面器

　体育館の床で膝をついて滑ると，摩擦でやけどをします。ジャージなどの化学繊維をはいていると床に擦れた部分が溶けているのがわかります。このことからも，意外と摩擦熱は大きいことがわかります。

　ビニール袋に鉛筆を刺すと，摩擦によってビニールが溶けたようになり，ゴムのように隙間なく鉛筆にぴったりくっついてきます。内側の水のあるビニールの部分では，水による冷却機能と圧力によってさらに強く鉛筆に密着するため，水は漏れてこないのです。しかし，ビニールに空気だけを入れて同じ実験を行ってもうまくいきません。

♠ 製作手順（演示準備）

①　鉛筆（なるべく丸い色鉛筆を使用する）を鋭く削っておく。

②　3 ～ 5 斤のビニール袋に水を入れる。

③　洗面器の上で，鉛筆（色鉛筆）を水のある部分に刺していく。

♥ 演示例

❶ 「ここに用意したビニール袋に水を入れます」と言い，洗面器の上で，または水道から水を入れる。

❷ 「このビニールに鉛筆を刺すとどうなるでしょう？」と問い，水の入ったビニール袋の側面に鉛筆を刺す準備をする。

❸ 子供の意見を聞いた後，「えい！」と言って勢いよく鉛筆を刺す。

❹ ビニール袋を上に持ち上げ，鉛筆を刺しても水が漏れないことをみんなに確認させた後，次々と鉛筆を刺す。

全部刺し終えた後，上に持ち上げてみんなに見せます。

❺ 「しかし，このビニール袋はどこにでもある普通のビニール袋なので…」と言い，洗面器の上でビニール袋から鉛筆を抜いていく。

❻ 「鉛筆を抜くと，当然このように中の水が穴からこぼれ出ます」と締めくくる。

♣ 成功のポイント

ビニールは薄いものではなく，透明な厚めのビニール袋を使用します。5斤くらいのビニールだと迫力があります。

また，鉛筆はなるべく丸いものがよく，色鉛筆の方が刺した後の見た目が鮮やかでオススメです。

応用 ➡

- -

「成功のポイント」通りの材料であれば，絶対に失敗しないので，子供を椅子に座らせて，その頭の上で鉛筆を刺していくとみんなが驚くでしょう。演出としては，円形のミニプールを用意し，その中に椅子を置いて行うと中に座る子供が驚くので面白いですよ。

60 素手で蛍光灯をつける

小学校　全般
高校化学基礎　物質の構成

現　象	手に持った蛍光灯がつく（静電気（プラズマ））
時　間	単元導入時（5分），解説及び子供実験時（20分）
準備物	プラズマボール（サンダーボール），蛍光灯，プラズマボールを入れる箱，穴開け工具

　蛍光灯は，雷のような放電による発光現象と似ています。詳しくは，蛍光灯内部のアルゴンや水銀蒸気の分子が電離してイオンと電子になり，それが管の側面に塗られた白い蛍光体を刺激して発光します。

　プラズマボールは，ボール内に高い電圧をかけることで，中の気体が分離してプラズマ（人工的なオーロラ）をつくります。そのプラズマが蛍光灯を刺激して発光させます。また，静電気を帯びた物に蛍光灯の金具部分を触れさせると，一瞬だけ発光します。

♠ 製作手順（演示準備）

① 　プラズマボールを隠すためにプラズマボールが入る大きさの箱を用意し，そこに電源アダプターを通す穴を開ける。

② 　プラズマボールのスイッチを入れた状態で箱に納め，蓋をする。

③ 　その箱に蛍光灯を近づけるだけで，蛍光灯が発光する。

　蛍光灯の片側を箱に置き，反対側を両手で握ります。片方の手で蛍光灯のガラス面を，箱側にゆっくりスライドさせていくと，発光する部分を操ることができます。

プラズマボール

♥ 演示例

❶　教室の電気を消す。

ある程度暗ければ蛍光灯の発光は確認できます。

❷　「ここに蛍光灯を用意しました」と言って，右手で蛍光灯の端を持つ。

❸　「これからこの蛍光灯を私が持ったまま
の状態（素手）で点灯させたいと思いま
す」と言って，プラズマボール入りの箱の
上に近づける。

❹　蛍光灯がボーと光る。完全に箱にくっつ
けなくても，近づけただけで発光するので，
何度か近づけたり遠ざけたりしてみる。

❺　蛍光灯の端の部分を箱の上に置き，左手で蛍光灯の管の部分（ガラス部
分）をつかむと，蛍光灯の箱に近い部分だけが光り，左手と右手の間は消
えている。その左手をスライドさせると，蛍光灯の光を操っているかのよ
うに見えるので，「このように光を自由自在に操れます」と言って，不思
議さを演出する。

♣ 成功のポイント

蛍光灯はプラズマボールのガラス部分に近づけば近づくほど，明るく光る
ので，プラズマボールを入れる箱は，なるべく小さい物を選ぶようにします。

応用 →

発泡スチロール板に乗り，左手をプラズマボールに触れた状態で右手に蛍光灯
を持つと，蛍光灯がライトセーバーのように発光します。その蛍光灯の端（手で
持っていない側）を誰かに握ってもらうと，さらに明るく点灯します。子供から
見えないようにプラズマボールに手で触れていても，股の間に挟んでいても同じ
ことができるので，腰より下が隠れる机や台があればやってみましょう。

【参考文献】

・愛知・岐阜物理サークル編著『いきいき物理わくわく実験』新生出版，
　1988
・後藤道夫著『子どもにウケる科学手品77』講談社，1998
・後藤道夫著『もっと子どもにウケる科学手品77』講談社，1999
・愛知・岐阜・三重物理サークル編著『いきいき物理わくわく実験2』新生
　出版，1999
・ナポレオンズ考案，米村伝治郎科学解説『不思議！おもしろ科学マジッ
　ク』主婦と生活社，1999
・野呂茂樹，工藤貴正著『先生はマジシャン』連合出版，1999
・外西俊一郎監修『どこでも大ウケ！科学手品ファンクラブ』成美堂出版，
　2000
・野呂茂樹著『先生はマジシャン3』連合出版，2006
・愛知・三重物理サークル編著『いきいき物理わくわく実験3』日本評論社，
　2011
・渡辺儀輝著『親子でハマる科学マジック86』SBクリエイティブ，2015

【著者紹介】

金城　靖信（きんじょう　やすのぶ）

サイエンスレンジャー，浦添市出身。1988年琉球大学理学部物理学科卒業。北谷高校，読谷高校定時制，久米島高校で臨時教員を務めた後，平成元年採用。本部高校，宜野座高校，具志川商業高校，読谷高校，宜野湾高校，浦添高校，総合教育センター（物理の主任研究主事）で勤め，昨年度より読谷高校の教頭に就任。

1988年から沖縄電力主催の「青少年科学作品展」で演示実験の担当を務める。1998年より沖縄県物理教育研究会の事務局長を５年間務める。2000年より，毎年東京で行われている「青少年のための科学の祭典 全国大会」にブース（実験コーナー）を出展し，2002年よりサイエンスレンジャーとして活動する。2004年に，各赴任校で科学クラブを立ち上げ，数々の賞を受賞していることと，九州及び全国へ生徒を派遣している実績から，「第26回沖縄青少年科学作品展」で「指導者奨励賞」を受賞。2006年「九州生徒科学研究発表大会沖縄大会」の事務局長を務める。物理教育研究会の会員を中心とした実験グループの代表として「科学の風」を設立し，各方面で科学教室を開設。2007年より毎年，「青少年科学作品展」のステージを務め，「Mr.カガック」として，科学マジックショーを披露している。2011年（第１回大会）から，「青少年のための科学の祭典 沖縄大会」の運営委員長を務める。2014年「第51回沖縄タイムス教育賞」を受賞。2016年１月の「科学の鉄人」にて優勝。「第13代 科学の鉄人（実験プレゼン日本一）」となる。年間６回ほど行われる，沖縄電力・具志川火力発電所主催の「親子科学工作教室」で講師を担当している他，中部を中心に小・中・高校をはじめ養護学校・保育園・児童館等で科学実験工作教室の依頼を受け，講師として物理実験を中心に実験・工作教室を行っている。

※サイエンスレンジャー：宇宙飛行士の毛利衛さんが館長を務める，独立行政法人科学技術振興機構（日本科学未来館）の実験名人メンバー。

〔本文イラスト〕木村美穂

中学校理科サポートBOOKS

中学校理科　授業で使えるサイエンスマジック60

2020年４月初版第１刷刊　©著　者　金　城　靖　信
　　　　　　　　　　　　発行者　藤　原　光　政
　　　　　　　　　　　　発行所　明治図書出版株式会社
　　　　　　　　　　　　　　　http://www.meijitosho.co.jp
　　　　　　　　　　　　　　　（企画・校正）赤木恭平
　　　　　　　　　〒114-0023　東京都北区滝野川7-46-1
　　　　　　　　　振替00160-5-151318　電話03(5907)6701
　　　　　　　　　　　　　ご注文窓口　電話03(5907)6668

＊検印省略　　　　　　組版所　藤　原　印　刷　株　式　会　社

Printed in Japan　　　　　　　　ISBN978-4-18-308314-2

もれなくクーポンがもらえる！読者アンケートはこちらから

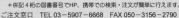